高等中医药院校
# 思想政治工作理论
和实践探索

焦珞珈 著

全国百佳图书出版单位
中国中医药出版社
·北京·

**图书在版编目（CIP）数据**

高等中医药院校思想政治工作理论和实践探索 / 焦珞珈著 . —北京：中国中医药出版社，2021.8

ISBN 978-7-5132-7024-3

Ⅰ . ①高…　Ⅱ . ①焦…　Ⅲ . ①中医学院－大学生－思想政治教育－研究－中国　Ⅳ . ① G641

中国版本图书馆 CIP 数据核字（2021）第 112430 号

**中国中医药出版社出版**

北京经济技术开发区科创十三街 31 号院二区 8 号楼

邮政编码　100176

传真　010-64405721

河北品睿印刷有限公司印刷

各地新华书店经销

开本 880×1230　1/32　印张 9.75　字数 208 千字

2021 年 8 月第 1 版　2021 年 8 月第 1 次印刷

书号　ISBN 978 – 7 – 5132 – 7024 – 3

定价　58.00 元

网址　www.cptcm.com

服 务 热 线　010-64405720

购 书 热 线　010-89535836

维 权 打 假　010-64405753

微信服务号　zgzyycbs

微商城网址　https://kdt.im/LIdUGr

官 方 微 博　http://e.weibo.com/cptcm

天猫旗舰店网址　https://zgzyycbs.tmall.com

如有印装质量问题请与本社出版部联系（010-64405510）

焦珞珈，女，1975年生，高级政工师，曾任共青团湖南省第十五届委员会委员、共青团湖南中医药大学委员会书记、宣传统战部部长，现任湖南中医药大学（湖南省中医药研究院）党委委员、组织人事部部长。主要从事党建及思想政治教育理论与实践研究，主持和参与省部级及以上思政项目和教改课题十余项。

# 前　言

2021年是中国共产党百年华诞。一百年来，无论是从开天辟地建伟业还是到砥砺奋进新时代，中国共产党始终坚持和充分发挥思想政治工作这一党的优良传统和政治优势，尤其是高度重视高校思想政治工作。

党的十八大以来，习近平总书记多次就高校思想政治工作做出重要指示。其中，2016年习近平总书记在全国高校思想政治工作会议上明确指出："高校思想政治工作关系高校培养什么人、如何培养人以及为谁培养人这个根本问题。"这一重要论述深刻把握了思想政治工作规律、教书育人规律和学生成长规律，为开创新时代高校思想政治工作新局面提供了行动指南和根本遵循。同时，习近平总书记还指出："好的思想政治工作应该像盐，但不能光吃盐，最好的方式是将盐溶解到各种食物中自然而然吸收"。这一论述表明：高校加强和改进新形势下思想工作应整合校内外教育资源，形成360度"大熔炉"的协同育人合力，让思想政治教育贯穿学生校园生涯全过程，渗透学生生活全领域，涉及教学服务全部人员。

站在"两个一百年"奋斗目标的历史交汇点，以习近平总书记为核心的党中央对中医药事业发展给予了前所未有的重视和扶持，中医药事业发展迎来天时、地利、人和的大好时机，中医药高等教育发展也进入新阶段；所有这一切，为中医药院校思想政治工作创新和发展打下了坚实基础。如何立足"健康中国"和中医药教育事业发展，结合自身实际与优势特色，创新思想政治工作，培养德智体美劳全面发展的社会主义合格建设者和可靠接班人，是人民群众对中医药高等教育的期待，也是中医药院校思想政治工作面临的时代课题。

十年树木，百年树人。作为一名长期奋战在高等中医药院校的思政人，我深刻认识到要办好人民满意教育，把立德树人根本任务落到实处，努力实现人民对美好健康生活的向往是一项使命光荣、责任重大的任务。因此，无论在纪检、组织、团学工作岗位，还是从事宣传思政工作，本人始终牢记总书记的嘱托，坚持积极推动构建"教书育人、科研育人、实践育人、管理育人、服务育人、文化育人、组织育人"长效机制。尤其是在负责学校"三全育人"综合改革试点工作期间，本人积累了丰富的理论与实践经验。这本书就是本人在实际工作中，聚焦思想政治教育主责主业，立足湖湘区域和校园文化特色，创新育人方式方法，探索中医药院校思想政治工作新模式的成果结晶。

本书聚焦湖南中医药大学推进"三全育人"工作的理论探索、优秀实践经验，着重呈现五大育人板块创新实况，分别是：以组织合力生金，感召时代新人；以文化品牌涵木，浸润时代新人；以实践项目滋水，锤炼时代新人；以科研思维益火，引领时代新人；以精细管理培土，服务时代新人。内容涵盖组织育人、文化育人、实践育人、科研育人和服务育人五个篇章。每一篇章均包含理论研究与实践探索两部分：

理论部分从基本内涵、思想渊源、时代意蕴等方面探讨实现理论发展的基石与时代意义，以新思想新理念为指引，深化育人体系理论研究；实践部分选取基层团支部活力提升工程、红色文化教育实践活动、关爱留守儿童成长项目、中医药创新创业大赛、校长有约等30个优秀案例，以主题鲜明、重点突出、内容丰富、形式多样的特色优势展现湖南中医药大学"三全育人"集体智慧与实践成果。本书系湖南省高校思想政治工作精品项目（项目编号19JP034）、湖南省社科基金思想政治教育课题（课题编号19B08）和湖南省高校思想政治工作研究项目（课题编号20D07）的阶段性研究成果。

一根木材燃不旺，众人拾柴火焰高。仅靠个人力量，很难完成一本著作的选题立意、资料收集、统稿校对等工作。本书便是大学党委统一领导，各部门共同努力、协同育人的成果。在此衷心感谢学校党委的正确领导与科学决策，正是基于"三全育人"综合改革方面进行的创新性探索，才有了本书编写的强有力指导和依据；同时还要感谢校团委、学生工作部（处）、科技处、教务处、各二级学院团委等部门的支持和配合，才形成了一批有借鉴意义和推广价值的优秀案例。本书在编著过程中也参考了大量文献和研究成果，在此一并向这些作者和研究者致以诚挚的谢意！

本书从理论和实践视角对中医药院校思想政治工作进行探索，展现了新时代中医药院校思想政治工作的活力与担当。期待本书的出版能为中医药院校开展思想政治工作提供探讨、借鉴案例，同时能够教育引导广大中医学子坚定理想信念、练就过硬本领，为振兴中医药事业作出贡献。限于经验水平，书中难免存在诸多不妥之处，部分案例有待进一步检验和完善。正所谓真理越辩越明，教育理论和实践也将在讨论中不断改进和完善，真诚期待同道的关注和共同探讨！

湖南中医药大学　焦珞珈

2021 年 6 月

# 目　录

### 第二篇　以文化品牌涵木浸润时代新人

高等中医药院校思想政治工作理论和实践探索

## 第四篇　以科研思维益火引领时代新人

## 第五篇　以精细管理培土服务时代新人

第一篇

# 以组织合力生金感召时代新人

中医学认为，金性坚实，锻造万物。高校思想政治工作只有不断夯实基层组织建设，才能筑牢广大青年学生理想信仰之基，使之永葆洁净无瑕的青春底色。本篇对高校组织育人进行了理论研究和实践探索，7个案例展现了共青团组织坚持党建带团建，将抓基层作为基础性、经常性工作，有效解决了基层组织覆盖面不足、团员青年先进性不强、工作机制运行不畅等问题，巩固和提升了高校党团组织坚实如金的合力。

# 第一节 高校组织育人理论研究

高校组织育人是马克思主义政党政治建设优良传统在教育领域的映射，具有深厚的理论基础；为落实立德树人根本任务、培养担当民族复兴大任的时代新人提供了坚强政治保证，具有鲜明的时代意义。深刻把握组织育人的思想渊源和时代要求，是加强和改进思想政治工作有效途径和崭新探索，对于开创高校思想政治工作新局面具有重要意义。

## 一、高校组织育人的科学内涵与时代意蕴

厘清高校组织育人的内涵，探析高校组织育人的时代要求，是我们深刻理解高校组织育人的逻辑起点，也是切实提升高校思想政治工作整体功能，进一步提升高校思想政治工作质量的重要基点。

### （一）高校组织育人的科学内涵

**1. 组织育人的含义** 何为"组织"？据《现代汉语词典》解释，"组织"意为按照一定的宗旨和系统建立起来的集体。从这个定义出发，我们认为"组织"天然具有教育属性，凡加入"组织"者，必然已认同该集体的性质与宗旨，必然将

集体追求视同个人追求，必然会自觉将个人的理想信念与集体的价值取向趋同，而在种种自觉的过程当中，就实现了教育内容的内化。

组织育人是在组织自身教育属性基础上，进一步强调教育引领作用的发挥，而这并不仅仅针对组织内部人员而言，同时也包含着对外提升辐射能力的涵义。一方面，组织育人强调将集体的目标通过教育的方式在成员中进一步强化。另一方面，组织育人也潜藏着加强思想建设、扩大理论传播、为队伍发展和壮大持续储备力量的意蕴。将育人与组织进行融合，既整合了组织建设与教育引领两个层面，又打通了内部思想建设与外部理念传播两个环节，在统一思想与吸引人才方面做到了整体推进，更加有利于"组织"的持续稳定健康发展。

**2. 高校组织育人的含义**　高校组织育人，更进一步限定了组织育人的场域，更加明确地凸显出"组织"的教育属性。高校组织育人的目标是充分发挥高校各级各类组织的育人功能，将主流意识形态和核心价值观融汇到育人全过程，引领价值导向、拓展知识技能、凝聚激励人心，形成教育合力，为高校培养社会主义合格建设者和可靠接班人提供组织保障。

2017 年，教育部党组印发《高校思想政治工作质量提升工程实施纲要》（以下简称《纲要》），明确提出高校组织育人实践的指导意见，强调"把组织建设与教育引领结合起来，强化高校各类组织的育人职责，增强工作活力、促进工作创新、扩大工作覆盖、提高辐射能力"，并对高校各类组织在育人实践中的职责和任务进行了分配。围绕该《纲要》，学术界从以下方面展开了探讨：第一，关于高校组织育人的政治属性研究。陈荣武（2018）认为高校组织育人协同体系构建，主要目标是加强和改善党对高校和思想政治工作的全面领导、集中统一领导，强化政治统领和政治建设，有效提升高校思想政治工作的质量。项久雨和王依依（2019）认为，高校组织育人将组织建设与教育引领结合起来，通过各级各类组织开展思想政治工作，有利于增强高校组织的政治属性，在高校范围内形成讲政治、有信念的风气，有利于构建以党团组织为核心的组织育人体系，发挥高校组织协同育人的合力，有利于在高校范围内形成稳定的组织秩序，为思想政治工作的顺利开展提供环境保障。第二，关于高校组织育人工作路径的研究。刘建军（2017）指出，"组织育人"就是学校党团组织通过发展学生党团员和对学生党团员进行教育培养，来培育大学生先进分子并发挥其带动作用，从而实现育人目标。曹锡康（2018）认为，高校组织育人要强化党的各级组织在育人中的统领、引领和带领作用，发挥各类组织育人功能，形成育人的有机链条和协同机制，实现育人环节互融互通。谢守成与文凡（2019）认为，高校组织育人要以先进性为目标、以规律性为遵循、以整体性为原则、以创新性为导向，强化各类组织的合力育人意识，提升各类组织的分层育人能力，构建各类组织的协同育人机制，强化各类组织的实践育人效果。米华全（2019）提出从完善育人主体、拓展育人载体、改进育人方法、强化育人保障等方面优化组织育人路径。学者们各擅所长，多方面的研究较为充分地阐释了高校组织育人的理论架构与实践路径。但若要揭示高校组织育人的全貌，搭建切实可行的框架，依旧需要回到《纲要》本身。

《纲要》指出，组织育人质量提升体系要发挥高校党委领导核心作用、院（系）党组织政治核心作用和基层党支部战斗堡垒作用，发挥工会、共青团、学生会、学生社团等组织的联系服务、团结凝聚师生的桥梁纽带作用，把思想政治教育贯穿各项工作和活动，促进师生全面发展。高等教育法规定："国家举办的高等学校实行中国共产党高等学校基层委员会领导下的校长负责制。中国共产党高等学校基层委员会按照中国共产党的章程和有关规定，统一领导学校工作，支持校长独立负责地行使职权。"《中国共产党普通高等学校基层组织工作条例》也为高校党委的领导核心作用充分赋能赋权。可以说，在高等教育领域，马克思主义指导地位是否牢固，中国特色社会主义教育发展道路是否坚定，社会主义办学方向是否坚持，关键在高校党委能否认真履行党组织赋予的职责，是否把党的领导贯穿办学治校全过程。院（系）党组织政治核心作用是重中之重，在确保上下贯通、执行有力的基础上，院（系）党组织如何用好用活一定的自主权，精确把握思想政治工作的灵活性和创造性，确保人才培养、科学研究等业务的社会主义方向，是决定思想政治工作成效的重要因素。基层党支部战斗堡垒作用是基础之基，党支部是党的全部工作和战斗力的基础，担负直接教育、管理、监督党员和组织、宣传、凝聚、服务群众的职责。在高校，基层党支部是直接联系学生的基本单位，更是落实立德树人根本任务的终端组织，加强思想政治引领，必须充分调动发挥其作用。工会、共青团、学生会、学生社团等组织桥梁纽带作用是必然之举。工会是职工自愿结合的工人阶级的群众组织；共青团是中国共产党领导的先进青年的群团组织；学生会是在党委领导下、团委指导下学生自我管理、自我服务的群众性组织；高校学生社团是学生自愿组成，为实现会员的共同愿望，按照其章程开展活动的非营利性群众组织。这些群团组织共同建立起党与最广大教师、青年学生的密切联系，让党的意志和主张能够得到最大程度伸展，进而真正落实到广大师生群体中去。

### （二）高校组织育人的时代意蕴

一段时间以来，部分高校思想政治教育和专业知识传授出现了发展不均衡的问题，在一定程度上出现了"重教书、轻育人""重专业教学，轻思政教育""重智育，轻德育"的"长短腿"现象。造成这些现象的原因是多方面的，从组织育人的视角出发，主要有以下几点影响因素：一是部分高校院（系）党组织的政治核心作用未能得到充分发挥。存在党的领导弱化、党的建设缺失、管党治党不力等突出问题，集中表现为党内政治生活不严肃、基层党建工作力度层层衰减等。二是部分高校共青团组织思想引领功能未能得到充分发挥。部分团组织出现"机关化、行政化、贵族化、娱乐化"倾向，活动设计重数量轻质量，活动方案重形式轻内容，活动内容重娱乐轻思想，等等问题不一而足，在脱离时代需求和大学生思想实际的自娱自乐中逐渐失去了学生的信任。三是高校学生组织的自治功能未能得到充分发挥。部分学生会成为官僚僵化的代名词、利己主义的聚集地和履历镀金的流水线，自我教育、自我管理、自我服务的平台成了利益置换的工具箱。

面对中华民族伟大复兴战略全局和世界百年未有之大变局，站在"两个一百年"奋斗目标历史交汇点，新时代对青年人寄予更加深切的期望，也对高校组织育人提出了新时代的新要求。一是要为落实立德树人根本任务提供政治保证。党的十九大报告提出："要全面贯彻党的教育方针，落实立德树人根本任务，发展素质教育，推进教育公平，培养德智体美全面发展的社会主义建设者和接班人。"这是新时代中国特色社会主义高等教育的目标和使命。作为具有鲜明政治属性的高校党组织及其领导下的群团组织都要服从服务于立德树人这一根本任务，以组织建设促进"教育引领"，以组织建设促进思想政治教育阵地建设，以组织建设促进协同育人，在发挥组织育人职能的过程中擦亮政治底色。二是要狠抓理想信念教育和意识形态工作领导权。发挥组织育人的整合、协调功能，综合运用各种教育资源和形式，进一步推动习近平新时代中国特色社会主义思想"进课堂、进教材、进学生头脑"。推进第一课堂和第二课堂融合，课堂学习和社会实践融通，让大学生"真信、真学、真懂、真用"习近平新时代中国特色社会主义思想。三是要不断探索加强和改进高校思想政治工作的有效途径。思想政治教育是一项系统工程，《高校思想政治工作质量提升工程实施纲要》提出要构建"十大"育人体系，实现这一目标任务必须依靠强有力的领导体制和健全完善的组织机构，必须依靠党组织充分调动各类育人要素参与，激发全体教职工合力，在所有教育空间探索形式灵活的思政政治教育，消除"真空地带"。

## 二、高校组织育人的思想渊源

组织育人是马克思主义一以贯之的思想理念，从共产主义者同盟到中国共产党，历来重视通过组织建设来培育事业的建设者和接班人。

### （一）马克思主义的组织育人思想

马克思、恩格斯特别注重发掘和培养工人组织中的先进分子，并将他们组织起来建立无产阶级政党——共产党组织，形成党组织团结工人群众组织教育引导广大劳动者的工作思路和格局。曾亲自参与组建无产阶级政党活动的二人，为国际共产主义运动史上第一个共产主义政党——共产主义者同盟起草了《共产党宣言》。他们指出："无产者组织成为阶级，从而组织成为政党。""共产党人不是同其他工人政党相对立的特殊政党，他们没有任何同整个无产阶级的利益不同的利益。他们不提出任何特殊的原则，用以塑造无产阶级的运动……在实践方面，共产党人是各国工人政党中最坚决的、始终起推动作用的部分；在理论方面，他们胜过其余的无产阶级群众的地方在于他们了解无产阶级运动的条件、进程和一般结果……共产党人的最近目的是和其他一切无产阶级政党的最近目的一样的：使无产阶级形成为阶级，推翻资产阶级的统治，由无产阶级夺取政权。"[1]对无产阶级政党的性质、先进性和目的做出了规定。在谈到从工人组织到无产阶级政党的实现路径时，马克思深刻地指出："工人的一个成功因素就是他们的人数；但是，只有当工人通过组织而联合起来并获得知识的指导时，人数才能起举足轻重的作用。""无产阶级在反对有产阶级联合力量的斗争中，只有把自身组织

① 马克思恩格斯选集［M］. 第 1 卷. 北京：人民出版社，2012.

成为与有产阶级建立的一切旧政党不同的、相对立的政党，才能作为一个阶级来行动。为保证社会革命获得胜利和实现革命的最高目标——消灭阶级，无产阶级这样组织成为政党是必要的。"[①]在对革命实践的观察和思考中，马克思、恩格斯进一步提出，要把共产党建设成为一个上下贯通、严密有力的系统性组织，保证党组织更加坚强有力地组织领导无产阶级革命。他们强调要加强对工人群众的组织、教育和引导，帮助劳动人民准确认识无产阶级的历史地位和使命，特别要注重教育，因为"教育将使年轻人能够很快熟悉整个生产系统……使他们摆脱在这种分工给每个人造成的片面性。"[②]是"造就全面发展的人的唯一方法"。

列宁在苏共革命实践的基础上，适应历史发展进程和趋势，进一步深化了马克思主义关于组织育人的思想。他强调："无产阶级所以能够成为而且必然会成为不可战胜的力量，就是因为它根据马克思主义原则形成的思想统一是用组织的物质统一来巩固的。"[③]"党应当是组织的总和（并且不是什么简单的算术式的总和，而是一个整体）……使作为阶级的先进部队的党成为尽量有组织的"[④]。换言之，列宁认为，党的力量来自组织，来自被先进思想武装的统一而严密的组织。与马克思、恩格斯一样，列宁也十分重视组织工人阶级。他指出："工人阶级的力量在于组织，不组织群众，无产阶级就一事无成，组织起来的无产阶级就无所不能。"[⑤]"工会和其他群众组

---

① 马克思恩格斯选集［M］.第 3 卷.北京：人民出版社，2012.
② 马克思恩格斯选集［M］.第 1 卷.北京：人民出版社，2012.
③ 列宁全集［M］.第 8 卷.北京：人民出版社，1986.
④ 列宁选集［M］.第 1 卷.北京：人民出版社，2012.
⑤ 列宁全集［M］.第 14 卷.北京：人民出版社，1988.

织应当在党的领导下进行革命活动，对现存的工人群众组织要视其觉悟程度和组织程度的不同而区别对待，具备这个条件的工人组织，经过党委会的批准可以成为党的组织"①。在这里，组织育人的范畴得到扩大和提升。一方面，党组织本身要领导各类群众组织，开展无产阶级革命；另一方面，党组织还要通过党的外围组织，实现对更广泛群体的教育和引导。外围组织包括工会、青年团、妇女团体等，这些都是党联系不同范围群众的纽带和桥梁。列宁将工会形容为"形式上非党的、灵活的、比较广泛的、极为强大的无产阶级机构，党就是通过这个机构同本阶级和群众密切联系"。② 工会"是一个教育的组织，是吸引和训练的组织，它是一所学校，是学习管理的学校，是学习主持经济的学校，是共产主义的学校"。③ 在这里，列宁明确提出了工会组织的育人功能，其本质上是工人群体通过实践融通主客观世界，坚定理想信念的修炼场。"共青团的任务就是要这样来安排自己的实际活动：使团员青年在学习、组织、团结和斗争的过程中把他们自己和那些以他们为带头人的人都培养成共产主义者。应该使培养、教育和训练现代青年的全部事业，成为培养青年的共产主义道德的事业。"③ 列宁在此明确提出了青年团的使命任务——立德铸魂。

马克思主义经典著作中阐发的组织育人理念闪耀着智慧的光芒，诠释了教育在人才培养事业中的重要位置，诠释了组织在人才培养事业中的重要作用，为新时代加强高校党组织建设，并以此领导、协调各类群团组织共同做好育人工作

① 列宁选集［M］. 第1卷. 北京：人民出版社，2012.
② 列宁选集［M］. 第4卷. 北京：人民出版社，2012.

奠定了坚实理论基础。

## （二）中国马克思主义的组织育人观

在对马克思主义组织育人思想学习、借鉴、吸收的基础上，中国共产党人在中国革命、建设和发展的进程中，特别是在社会主义现代化建设过程中，不断探寻追索如何发挥组织优势培养好社会主义事业接班人的问题，形成了符合中国国情的组织育人观。

早在民主革命时期，毛泽东同志就提出："党是阶级联合的最高形式，工会、合作社、军队、政府（与其他阶级联合的）、国会政党等阶级联合的一切形式，均须受到党的领导，中国党是照这一条建立的。"[①]作为一个政党，中国共产党要领导包括政府、工会、军队在内的其他一切组织，那么在近百年的历史进程中，如何能够始终保持其先进性？如何能够始终从思想、政治和组织上带领中国人民不断前行？如何能够始终保持伟大事业后继有人？历史告诉我们，唯有通过不断强化自身组织建设，不断培养提升接班人的质量，才能让社会主义中国行稳致远。革命战争时期，毛泽东同志提出："指导伟大的革命，要有伟大的党，要有许多最好的干部……我们党的组织要向全国发展，要自觉地造就成万数的干部，要有几百个最好的群众领袖。这些干部和领袖懂得马克思列宁主义，有政治远见，有工作能力，富于牺牲精神，能独立解决问题，在苦难中不动摇，忠心耿耿地为民族、为阶级、为党而工作。党依靠着这些人而联系党员和群众，依靠着这些

① 毛泽东年谱（1893-1949）（修订本）（中册）[M].北京：人民出版社，2013.

人对于群众的坚强领导而达到打倒敌人之目的。"① "中国共产党是在一个几万万人的大民族中领导伟大革命斗争的党，没有多数才德兼备的领导干部，是不能完成其历史任务的……在中国人民的伟大斗争中，已经涌出并正在继续涌出更多的积极分子，我们的责任就在于组织他们，培养他们，爱护他们，并善于使用他们。政治路线确定之后，干部就是决定的因素。因此，有计划地培养大批新干部，就是我们的战斗任务。"② 解放战争末期，应对即将到来的执政挑战，毛泽东同志审时度势地提出："夺取全国政权的任务，要求我党迅速地有计划地训练大批的能够管理军事、政治、经济、党务、文化教育等项工作的干部。"③

新中国成立后，社会主义事业接班人的培养问题更加受到重视。1952年，全国教育工作会议正式确立"培养社会主义全面发展的新人"的教育方针。为了贯彻落实这一教育方针，保证培养出合格、可靠的社会主义接班人，以毛泽东同志为核心的中共中央领导集体始终坚持党管教育原则。在1957年的普通教育工作座谈会上，毛泽东同志指出："党委应当指导青年的思想，指导教师的思想，要责成省委、地委、县委书记管思想工作，管报纸、学校、文学艺术和广播。"④ 他还强调："大学、中学都要加强思想、政治领导和改进思想、政治教育……要编新的思想、政治课本，要下决心从党政两系统抽调几批得力而又适宜于做学校工作的干部去大、中学校工作，要赋予高等教育部和教育部以领导思想政治工作的

① 毛泽东选集［M］.第1卷.北京：人民出版社，1991.
② 毛泽东选集［M］.第2卷.北京：人民出版社，1991.
③ 毛泽东选集［M］.第4卷.北京：人民出版社，1991.
④ 毛泽东年谱（1949-1976）［M］.第3卷.北京：中央文献出版社，2013.

任务。"①在《关于正确处理人民内部矛盾的问题》一文中，毛泽东同志明确提出："我们的教育方针，应该使受教育者在德育、智育、体育几个方面都得到发展，成为有社会主义觉悟的有文化的劳动者。"①"所谓德育，就是学点马克思主义，学点政治。"①结合其对于思想政治工作重要性的论述"如果没有这个东西，就没有灵魂。"①我们可以清晰地看到坚持党对教育的领导，实质上就是加强学校党组织的思想引领，培养"有社会主义觉悟"的接班人。在党组织建设之外，毛泽东同志也非常重视群团组织作用的发挥。1953年，在接见新民主主义青年团第二次全国代表大会主席团成员时，他谈到："青年团要配合党的中心工作，但在配合党的中心工作当中，要有自己的独立工作，要照顾青年的特点……要有自己的系统的工作，同时又要受各级党委的领导。"①强调青年团要在各级党委的领导下服务中心工作，同时也要注重自身建设，充分发挥党联系青年的桥梁和纽带作用，为党做好青年群众工作。

改革开放后，我们党始终保持对教育事业、对社会主义接班人培养工作的高度重视。1978年全国教育工作会议上，邓小平发表讲话指出："学校应该永远把坚定正确的政治方向放在第一位。"②"各级党委和学校的党组织，应该热情地关心和帮助教师思想政治上的进步，帮助他们认真学习马克思列宁主义、毛泽东思想，使更多的人牢固地树立起无产阶级的共产主义的世界观。要积极地在优秀的教师中发展

① 毛泽东文集［M］．第7卷．北京：人民出版社，1999.
② 邓小平文选［M］．第2卷．北京：人民出版社，1994.

党员。"①1981年党的十一届六中全会通过《关于建国以来党的若干历史问题的决议》，提出："要加强和改善思想政治工作，用马克思主义世界观和共产主义道德教育人民和青年，坚持德智体全面发展、又红又专、知识分子与工人农民相结合、脑力劳动与体力劳动相结合的教育方针。"1982年《中华人民共和国宪法》对国家教育方针首次做出法律规定："国家培养青年、少年、儿童在品德、智力、体质等方面全面发展。"1985年《中共中央关于教育体制改革的决定》提出："教育必须为社会主义建设服务，社会主义建设必须依靠教育。"1990年，党的十三届七中全会在关于"八五"计划的建议中提出："继续贯彻教育必须为社会主义现代化服务，必须同生产劳动相结合，培养德、智、体全面发展的建设者和接班人的方针，进一步端正办学指导思想，把坚定正确的政治方向放在首位，全面提高教育者和被教育者思想政治水平和业务素质"。1993年发布的《中国教育改革和发展纲要》重申："各级各类学校要认真贯彻'教育必须为社会主义现代化建设服务，必须与生产劳动相结合，培养德、智、体全面发展的建设者和接班人'的方针"。1995年的《中华人民共和国教育法》规定："教育必须为社会主义现代化建设服务，必须与生产劳动相结合，培养德、智、体等方面全面发展的社会主义事业的建设者和接班人。"1999年，《中共中央国务院关于深化教育改革全面推进素质教育的决定》指出："实施素质教育，就是全面贯彻党的教育方针，以提高国民素质为根本宗旨，以培养学生的创新精神和实践能力为重点，造就

① 毛泽东文集［M］.第7卷.北京：人民出版社，1999.

'有理想、有道德、有文化、有纪律'的、德智体美等全面发展的社会主义事业建设者和接班人。"2002年，党的十六大报告提出："全面贯彻党的教育方针，坚持教育为社会主义现代化建设服务，为人民服务，与生产劳动和社会实践相结合，培养德智体美全面发展的社会主义建设者和接班人。"加强德育、加强思想政治教育，始终是我国教育事业的重中之重。

2008年，在第十七次全国高等学校党的建设工作会议上，习近平强调："培养德智体美全面发展的中国特色社会主义合格建设者和可靠接班人，是高校的根本任务，也是高校党的建设的根本任务。各级党委和高校党组织要紧紧围绕这个根本任务，全面贯彻党的教育方针，坚持以人才培养为根本办学理念，继续解放思想，坚持改革创新，在新的历史起点上努力开创高校党建工作新局面，为推进高等教育又好又快发展提供坚强的思想、政治和组织保证。"这一论断，为高校加强党的建设，建强组织育人体系指明了目标方向。2016年，在全国高校思想政治工作会议上，习近平指出："我们的高校是党领导下的高校，是中国特色社会主义高校。办好我们的高校，必须坚持以马克思主义为指导，全面贯彻党的教育方针。要坚持不懈传播马克思主义科学理论，抓好马克思主义理论教育，为学生一生成长奠定科学的思想基础。"2018年，在全国教育大会上，习近平强调："培养什么人，是教育的首要问题。我国是中国共产党领导的社会主义国家，这就决定了我们的教育必须把培养社会主义建设者和接班人作为根本任务，培养一代又一代拥护中国共产党领导和我国社会主义制度、立志为中国特色社会主义奋斗终生的有用人才。这是教育的根本任务，也是教育现代化的方向目标……各级党委要把教育改革发展纳入议事日程，党政主要负责同志要熟悉教育、关心教育、研究教育。各级各类学校党组织要把抓好学校党建工作作为办学治校的基本功，把党的教育方针全面贯彻到学校工作各方面。思想政治工作是学校各项工作的生命线，各级党委、各级教育主管部门、学校党组织都必须紧紧抓在手上。要精心培养和组织一支会做思想政治工作的政工队伍，把思想政治工作做在日常、做到个人。"总书记关于教育的系列重要论述为高校加强立德树人提供理论指南，站在中华民族千秋伟业的高度为高校实施组织育人提供了根本遵循。

我国高等教育发展的实践充分证明，坚持党对教育事业全面领导，是中国特色社会主义事业薪火相传的根本基石，是实现人的全面发展的关键要素，是中华民族伟大复兴的重要保障。提升和完善党对高校的领导，是"高校为人民服务，为中国共产党治国理政服务，为巩固和发展中国特色社会主义制度服务，为改革开放和社会主义现代化建设服务"的重要保证。

近年来，湖南中医药大学深入开展党团组织建设，创新探索组织育人新思路、新模式，在高质量完成"规定动作"的前提下，充分发挥特色、融合优势，打出一套"自选动作组合拳"，取得可喜的育人成效。学校加强组织育人建设的案例主要包括：基层团支部活力提升工程通过政治建设、制度建设、队伍建设、组织建设和文化建设，筑牢共青团基层组织育人的坚强堡垒；以团校为载体，创新共青团思想引领工作，在帮助共青团干部"强筋健骨""补钙充电"中引领团干部更加紧密地围绕在以习近平同志为核心的党中央周围；实施学生会"学生自治能力"提升工程，完善体制机制，创新组织建设，打造联手连心联通工程，不断增强学生会的政治性、先进性和群众性；实施大学生社团"五大质量工程"，以思想引领、制度护航、教师指导、品牌塑造、规范管理为抓手，有序引导学生社团健康、持续、稳定发展；开展"青春旗帜"升旗仪式暨国旗下的讲话主题团日活动，运用仪式礼仪的教化作用，构筑集体记忆，巩固政治信仰，强化国家认同；实施"天地恒一·杰出学子"奖励计划，充分发挥优秀学子的示范带动作用，以先进典型的感人事迹与优秀品质感染人、鼓舞人，激励学生见贤思齐；依托湖南省高校首个党代表工作室开展党建带团建，多主体参与、多渠道构建、立体式搭台，把党在政治上的先进性转化为鲜活的思政资源，让共青团组织更加密切地联通党和广大青年学生。

学校在组织育人方面的新探索，在有效加强组织自身建设，凸显思想政治教育功能的同时，也培养了一批用马克思主义中国化成果武装、坚定跟党走的中坚力量，为实现"两个一百年"奋斗目标积蓄起磅礴的青春力量。

# 第二节　高校组织育人实践探索

青年是整个社会力量中最积极、最有生气的力量，国家的希望在青年，民族的未来在青年。

——习近平在纪念五四运动一百周年大会上的讲话（2019年4月30日）

## 案例一　凝心聚力　团徽闪耀
### ——基层团支部活力提升工程

### 一、案例背景

高校是青年人集聚的地方，是把广大青年学子培养成中国特色社会主义事业可靠接班人和合格建设者的重要基地。团支部是高校团组织的基础层级，也是直接联系最广泛青年学生的基层组织，是发挥共青团党的助手和后备军、党和政府联系桥梁纽带作用的基本单元，是增强党对青年吸引力、凝聚力及青年对党向心力的"最后一公里"，担负直接教育团员、管理团员、监督团员和组织青年、宣传青年、凝聚青年、服务青年的职责。

广大青年学生对共青团的组织认同感需要建立在组织管理和青年教育边界一致性的基础上，因此，基层团支部活力是落实高校共青团基本职能的关键。共青团湖南中医药大学委员会为贯彻中央党的群团工作会议精神，以实际行动落实习近平总书记提出的"群团组织要增强自我革新的勇气"的重要要求，积极实施基层团支部活力提升工程，始终坚持将团支部工作和建设放在最基础、最突出、最重要的位置，着力破解高校基层团支部活力不足的重点难点问题。

## 二、案例实施（图1-1）

湖南中医药大学团委基层团支部活力提升工程，按照"坚持党建带团建、强化问题导向、突出时代特点、尊重团员主体"的工作原则，加强顶层设计，不断总结创新。

图1-1 "中医梦·中国梦"主题团日活动

## （一）完善制度建设，为提升团支部活力提供制度保障

湖南中医药大学团委先后下发了《关于进一步规范基层团组织建设和管理工作的实施办法》《团员民主评议和基层团支部考评工作方案》《共青团专项经费管理办法》等切实可行的规章制度，对团员发展、团员教育管理、"推优入党"、组织关系转接等基础团务工作进行了规范。每年下发主题团日活动参考选题，指导基层团支部开展主题团日活动。印发《湖南中医药大学团支部工作手册》，下发至全校 13 个二级团委 516 个团支部，要求各团支部按照要求做好工作台账及组织生活记录，并作为活力团支部评选的重要依据。

## （二）加强队伍建设，为提升团支部活力提供能力保障

组织开展团干部培训班，提升团干部的理论素养和号召力。组织编写实用型工作手册，对团干部进行理论修养、团务水平培训，确保团干部任职培训、任期轮训全覆盖；通过专题讲座、实地参观等方式加强对团干部的时政知识、人际交往、活动组织等方面能力的培养；通过团干部的学习意识和学习能力培养，引导其主动学习优秀团干部和优秀团支部工作案例，增强学习紧迫感，在学习中不断增长知识、锤炼品格。同时，利用国庆、"五四"青年节、"国医节"等重大节日，让团干部参与或组织开展系列纪念活动，提升团干部的使命感和自豪感。通过全方位、立体式的培训与支持体系，帮助团干部练就过硬本领，扛起时代担当，引导他们加强对

青年团员的思想引导，完善对青年团员的服务，改进团支部工作方式，切实提升基层团组织的吸引力。

## （三）理顺班团关系，为提升团支部活力提供组织保障

发挥团支部模范带头作用，实行班长兼任团支部副书记，推行团支部和班委会一体运行、协同工作机制。团支委由 3 人增加为 5 人，五位同学既是团支委成员，也是班级管理团队；团支书在原有工作基础上承担团员心理排查的责任，组织委员兼负生活帮扶责任，宣传委员增加团员文体活动的组织、宣传责任，学习委员在帮助同学完成专业课程学习之外，推进第二课堂教育，开阔团员视野。具体工作中，团支部书记和副书记加强组织策划工作，宣传委员、组织委员、学习委员跟进执行。"班团合一"带来了精练、精简支部的作用，突出了团支部为核心的班集体建设，充分发挥团支部的政治核心作用，班级工作效率大为提高，团日活动更趋丰富。

## （四）加强文化建设，为提升团支部活力提供文化保障

一是贴近青年生活设置和开展活动。积极组织团员参与学术、体育和文艺赛事活动，为团支部成员搭建交流平台，提供展示才艺的机会，提升学生参与活动的获得感，激发团员参与团支部活动的积极性。

二是聚焦团员需求设计活动内容。根据团员的年级不同、专业差异由学院团委指导，团支部自主开展符合其需要的活动，在团员身心发展、学业成长和未来职业规划的方面，探

索各具特色的活动方案，促进学生成长成才，让团员既感受到团支部的关怀，又获得实用知识和技能。

三是学校团委面向二级学院团委组织"活力团支部"评选活动，并开展"活力团支部"风采展，对政治能力好、组织基础好、班子建设好、工作效果好的团组织进行表彰；校团委面向二级学院团委征集主题团日活动示范案例，对于活动形式新颖、活动内容丰富、活动主题积极的优秀团支部给予相应奖励和表彰。（图1-2）

图1-2　活力团支部风采展

## （五）优化工作环境，为提升团支部活力提供政治保障

学校党政领导高度重视共青团工作，认真落实党建带团建制度政策，明确各级党组织指导、支持团支部工作的责任，严格要求各级党组织必须为基层团支部建设提供必要场所、工作经费，并将团支部建设纳入每年度的党建工作考核，将团建和党建一同规划、一同部署、一同考核，为团支部活力提升创造了有利条件。

## 三、工作成效

政治建设、制度建设、队伍建设、组织建设和文化建设同向同行，产生了强大的协同效应，显著提升了全校基层团支部的运行活力、工作开展活力和团员参与活力，各基层团支部的组织运转更加规范顺畅，团支部的工作开展更富有针对性、实效性，越来越多的团员学生积极参与团支部的工作和建设。在团组织的感召和教育下，涌现出一大批优秀的团员青年和先进典型。学校共青团工作获得"湖南省共青团五四红旗团委"，获评全省基层团建工作示范点，基层团组织获评"全国五四红旗团支部"和"全国先进班集体"等荣誉，7个团支部获评团中央高校"活力团支部"荣誉称号。

## 四、工作经验与思考

加强基层团组织建设，提高团支部活力，不仅仅是共青团职责作用的内在要求，也是加强党的执政能力建设的重要外延。共青团工作在新形势下有所作为，就必须着眼于实践和新的发展，这样才能够适应不断变化的形势，在工作中始终处于主动地位，开创共青团工作的新局面。

### （一）拓展基层工作阵地

当前高校团支部的主要组成形式是班级团支部和院系团委及校团委，而基层团支部在宿舍、实验室、社团等场所的渗透力、吸引力还存在很大空间。我们应该按照"组织随着青年走，团在青年群体建"的原则，在现有团组织形式的基础上，根据青年学生的思维特点、行为特征，发展新型团组织形式。我们可以把团组织建设延伸到宿舍、实验室、社团，甚至延伸到开展社会实践活动的临时团体，争取做到我们联系联络的对象在哪里，我们的组织就搭建到哪里。

### （二）打造团支部的知名品牌

90 后、00 后大学生思维更加活跃，信息来源更加广泛，品牌意识更加强烈。当前团支部打造的实践活动、校园文化活动中有精品、有亮点，但是持续性不强，系统性偏弱。要集中力量打造几个具有鲜明特色、规划完整、活动体系化的团支部品牌。建设方式可以自上而下，采取项目认领制，由校团委策划指导，二级学院团委选择管理，团支部做选择题；也可以自下而上，采用申报制，团支部自主命题，二级学院团委负责推荐审核，校团委提供政策和资金支持。前者可以实现快速批量复制，后者可以最大限度激发团支部的创意。

### （三）完善工作考核机制

我们必须要进一步明确校、院系团组织责任，强化督导考核，形成团支部活力提升有部署、有指导、有检查、有考核的工作氛围和机制；优化考核方式，细化考核办法，加大对团支部工作指导和评价考核力度，建立支部、支委工作述职评议机制，才能推动支部工作开展规范化、制度化、有形化、经常化。

团干部要坚持用科学理论武装头脑、指导实践、推进工作，认真学习中国特色社会主义理论体系，努力掌握辩证唯物主义和历史唯物主义的立场观点方法，真正认识到历史怎样走过来、怎样走下去，从而牢牢把握规律、把握真理，坚信中国特色社会主义道路越走越宽广。

——习近平在同团中央新一届领导班子集体谈话时的讲话（2013年6月20日）

## 案例二　以团校为载体　创新共青团思想引领工作
### ——湖南中医药大学团校建设

### 一、案例背景

共青团事业是党的事业的重要组成部分，事关党执政的青年群众基础，事关党和国家的未来。党的十八大以来，习近平总书记高度重视在青年群体中开展马克思主义教育，提出要加强对青年的政治引领，在广大青年中加强和改进理论武装工作，引导广大青年运用马克思主义立场、观点、方法观察分析问题。[1]

① 习近平.代表广大青年赢得广大青年依靠广大青年让广大青年敢于有梦勇于追梦勤于圆梦［N］.人民日报，2018-07-03.

作为党的青春力量的高校共青团员,是团校培训的主要对象。团校作为共青团和联系广大团员青年的重要纽带,是基层团组织、团干部深入学习、领悟先进思想政治精神,把党的理论、路线、方针、政策贯彻落实到共青团的各项工作中的必由之路,是广大团员青年增长知识、参与实践的重要途径,是党和国家培养优秀后备力量的保障手段。

开展团校建设,是提高综合素质、推动高校团建、实现人才培养目标的重要途径。湖南中医药大学聚焦团校建设的政治性、先进性、群众性,找准大学生思想理论教育的切入点和着力点,积极开拓新路子,搭建新载体,通过丰富多彩的主题教育和社会实践活动,积极构建团校培养体系,不断提高团员青年的思想政治素质、政策理论水平、创新能力、实践能力和组织协调能力,培养了一批用马克思主义中国化成果武装的、坚定跟党走中国特色社会主义道路理想信念的学生骨干。

## 二、案例实施

共青团湖南中医药大学委员会在校党委的领导下,结合学校的工作实际,在变革中前进、在创新中发展,紧紧围绕全团"凝聚青年、服务大局、当好桥梁、从严治团"的"四维"工作格局,认真贯彻落实"党在青年工作领域特色鲜明的政治学校"的定位,尊重思想政治教育规律和青年成长规律,以"青年马克思主义者培养工程"为核心,着力构建分层分类的团校培养体系。

## （一）注重团校顶层设计

为了进一步提升学校团建工作水平，规范学校团校建设，湖南中医药大学制定《团校工作条例》，对团校机构设置、课程设计、教学安排、师资建设、日常管理规范等方面提出明确要求。湖南中医药大学团校成立校务委员会，负责统筹安排团校教育培训任务，研究和制订团校教学计划，聘任和管理团校兼职教师，研究处理团校的其他事项。主管学生工作的副校长担任名誉校长，全面指导团校工作；校团委书记担任校长，负责团校日常工作；校团委副书记担任副校长，协助开展团校工作；各学院团委书记担任团校校务委员会委员，参与教学设计与组织工作。团校下设办公室、教务部、实践部、宣传部，由有较高理论修养和较丰富共青团工作经验、善于组织协调的优秀团干兼任。

## （二）推行精准分层培训

团校坚持集中培训与自我教育相结合、课堂教学与社会实践相结合、思想道德教育与全面拓展素质教育相结合、传统教学手段与现代科技手段相结合的教学原则，实施分类培养，针对不同年级、不同层次的学生骨干需求，开设理论学习班、岗位培训班和技能培训班。

**1. 理论学习班** 主要面向新生，由各二级学院团委负责组织实施，依托湖南省大学生青年马克思主义者骨干网络培训学院开展培训工作。认真学习团章，自觉遵守团章，切实贯彻团章，坚决维护团章，严格按照团员标准要求自己；系统学习马克思主义基本原理，精读马克思主义原著，掌握马克思主义立场、观点、方法，以及研究新情况、解决新问题的科学态度和与时俱进的创新精神。

**2. 岗位培训班**　主要面向各级各类学生干部，由团校负责组织实施。系统学习党团历史、业务知识及理论、工作方法和技巧，深化对共青团和青年工作的认识，增强理论思考和把握全局的能力。（图1-3）

图1-3　学生骨干培训班

**3. 技能培训班**　主要面向全校学生党员和入党积极分子、理论学习骨干及在学术、科技、文化、体育等方面成绩突出的优秀学生，由团校负责组织实施。围绕各个时期团的中心任务和重点工作，部署安排技能培训，指导学生骨干及时明确工作要求，把握工作重点，提高学生骨干从事团的专项工作的实际操作能力。（图1-4）

图1-4　新媒体专题培训班

## （三）创新培训模块化设计

针对团干部的具体需求和当前共青团工作中的热点难点问题，按理论学习、技能训练、社会实践、红色教育、交流研讨等模块进行设计。采取集中学习和分散学习的方法，按照学员从事团务工作类型等特点改革班次组建方式，进行项目化、团队式培训，采取主题学习、专题培训、参观考察等多种形式。课程培训安排设立成果分享环节，引导学员参与思考讨论。

**1. 理论学习** 举办辅导讲座，引导学员对马克思主义经典著作进行分类研读；邀请党政领导、专家学者就党的创新理论、重要战略思想、重大政策以及社会思潮、社会热点问题进行讲解，提高团员干部的政治修养和理论水平。

**2. 技能训练** 开设公文书写、新闻视角培养、新媒体技能培训、摄影摄像技能培训、社交礼仪等培训课程，通过专业化的能力训练，使学员掌握团务工作技巧，提高工作能力。

**3. 社会实践** 采用志愿服务、社会调研和参观学习等方式，引导学员走出校门，在实践中受教育、长才干、做贡献。

**4. 红色教育** 组织学员实地参观爱国主义教育基地、革命遗址等，观看反映革命战争年代和新中国建设时期的影片，寻访历史见证人；观看反映优秀共产党员、共青团员事迹的影像资料、专题展览，邀请先进典型作事迹报告。

**5. 交流研讨** 组织学员按班、小组对课堂教学内容进行讨论、质询，就一些重大理论和现实问题进行专题研讨和辩论，就学习、实践、出访中的收获和体会进行交流。

## （四）强化工作条件保障

一是加强师资队伍建设。组建由马克思主义学院教师、校内外知名专家学者、学生思想政治工作者构成的师资库，确保最有力的组织保证和最优秀的师资保证。党委书记带头上团课，把党的要求、期望用面对面的方式传达给青年学子。团委书记围绕共青团改革及基层团组织建设与青年分享心得体会。

二是加强教学督导。聘请长期从事党务工作的领导干部、有共青团工作实际经验的团干部、有团学理论基础的教学人员组成学校团校课程督导团，共同为团课课程审核把关。青年教师必须通过评审团考评，方能正式担任团校课程主讲。

三是严格教学管理。建立完备的教学管理制度，从教学组织到教学实施，从课程评估到结业考核，一律做到有章可循。制定严格的学员管理制度，有上课打卡、小组讨论要求等学习管理制度，有请假销假等组织管理制度，让学员管理有据可依，坚守纪律底线。

## 三、工作成效

湖南中医药大学团校不断加强和改革创新学生骨干思想引领工作，按照党的意志锻造团干部，引领团干部更加紧密地团结在以习近平同志为核心的党中央周围，增进对党的政治认同、思想认同、情感认同，增强"四个意识"，坚定"四个自信"，做到"两个维护"，为党的青年群众工作教育培养了一大批学生骨干。团校自建立以来，举行专题培训班11

期，累计培训学员 4000 余人次；线上培训班 5 期，累计培训学员 1.6 万人次。广大学员积极关注地方经济社会发展，积极投身医药健康事业，在学业、工作上都有出色表现。抗击新冠肺炎疫情期间，团校学员踊跃走上志愿服务岗位，运用所学专业知识参与疫情防控，服务社区百姓，获得广泛赞誉。团校学生也是暑期"三下乡"社会实践活动的主力军，有人参与支教活动，有人参与健康科普工作，有人免费问诊发药，有人留校担任辅导员，把党组织的培养成果转化为实际行动服务于社会。

## 四、工作经验与思考

在团校组织实施的过程中，我们发现，把理论学习变成学生们可以参与的方式，能够更好地激发青年学生的学习热情；把青年教师打造成意见领袖，能够更好地吸引青年学生的注意力，实现教学效果最大程度转化；把实践课堂搬到学生们可以感知到的身边场所，能够更好地帮助学生理解理论知识。下一步，在继续丰富教学内容、创新培养方式的基础上，湖南中医药大学团校将不断努力和改进。

一是为每一期学员配备专业的理论导师和实践导师，通过与学员的深入交流，及时了解其学习情况并提供具体的、有针对性的专业指导。团校学员的理论导师由马克思主义学院的资深教师担任，实践导师聘请校团委长期负责学生工作的专职团干部及校外各行各业的榜样模范担任。理论导师主要负责为学员制定学习计划并督促他们及时完成理论学习、书籍阅读等任务。实践导师主要负责为学员制定调研探访、参观宣讲、基层锻炼的实践计划，并指导、带领学员利用寒暑假期开展实践活动。

二是进一步打通理论教育和实践锻炼，保持培养动力的持久性。在充分调研的基础上，逐步破解大学生内在需求与社会需求匹配错位问题，在课程教学中引入更多社会资源，在实践基地的开发上更加注重专业性和现实性，建立实践后的理论领悟再审视环节，引导帮助大学生将最新理论研究成果与实践过程紧密结合，把中国特色社会主义理想信念内化为自觉追求。

三是坚持重点培养与普遍培养相结合，不断扩大培养对象覆盖面。当前，团校的主要成绩体现在坚持把大学生骨干队伍建强，努力凝聚优秀大学生，把这些骨干大学生培养成坚定笃信的马克思主义者。这在一定程度上忽视了普通大学生的培养，没有激发起这些大学生接触、热爱马克思主义的兴趣，不利于"骨干"与"非骨干"的马克思主义信仰对接与传帮带。在团校的下一步办学中，要着重研究在保证学习效果的前提下，如何扩大团校学员范围，用富有吸引力的课程将"非学生干部"吸收到团校中来，进一步丰富团校学员的构成。

　　团结广大青年，一要坚持以青年为本，着力增进对青年的感情，做青年友，不做青年"官"。千万不能官气很重、架子很大，要同青年交朋友、心连心，真正赢得广大青年信任。如果每个团干部都有二三十名贴心的青年朋友，那做工作就不一样！二要了解青年，主动深入基层、走进青年，知道青年想什么、要什么，真心诚意为他们办事，使他们实实在在感受到党的关怀、团的关心、社会的关爱。

　　——习近平在同团中央新一届领导班子集体谈话时的讲话（2013 年 6 月 20 日）

## 案例三　筑梦团学　青春起航
### ——学生会"学生自治能力"提升工程

## 一、案例背景

　　学生会是党领导下的主要学生组织，是学校广泛联系广大同学的桥梁和纽带。习近平总书记强调："学联组织一定要不断保持和增强政治性、先进性、群众性，不断推进自身改革，认真履行自身职能，更好组织动员广大青年坚定地跟党走。"① 在深化群团组织改革的背景下，学生会必须紧跟形势政策，改革刻不容缓。2015年，中央党的群团工作会议吹响了群团改革的号角，学生会改革与共青团改革被纳入群团组织改革整体，同步规划、协同实施、持续深入。

2017年，团中央、教育部、全国学联印发《学联学生会组织改革方案》，团中央、全国学联印发《高校学生代表大会工作规则》《高校学生会组织章程制定办法》《全国学联主席团从严管理的若干规定》，明确了改革重点任务，搭好了改革制度骨架，拉开了改革序幕。2019年10月，团中央、教育部、全国学联印发《关于推动高校学生会（研究生会）深化改革的若干意见》，提出了10项深化改革的重点举措，改革向纵深推进。湖南中医药大学学生委员会贯彻落实共青团中央、共青团省委的决策部署，在党的领导和共青团的指导下，坚持正确政治方向、坚持学生主体地位、坚持问题导向、勇于自我革命，以全心全意服务同学为宗旨，坚持从同学中来、到同学中去，组织面貌呈现更加蓬勃奋进的新气象。

## 二、案例实施

湖南中医药大学党委将学生会建设纳入学校党建工作整体格局中进行统筹谋划，构建了党委统一领导，学生工作部（处）统筹负责，团委具体指导，宣传、教务、人事、保卫等部门分工合作、协调运行的工作机制。学生会通过"学生思想引领计划、工作效能提升计划、联手连心联通计划"，积极

① 习近平致全国青联十二届全委会和全国学联二十六大的贺信［J］.中国共青团，2015（08）：35.

实施学生会"学生自治能力"提升工程，支持和引导学生会更好地服务青年学生成长成才。（图1-5）

图1-5 "新生你好"风采展示

## （一）牢牢把握政治方向，实施新时代学生思想引领计划

一是加强学生干部思想政治教育。将学习贯彻习近平新时代中国特色社会主义思想作为学生会组织的首要政治任务。以加强学生干部政治理论素养、加强面向学生政治引领力建设为目标，以全心全意服务学生为宗旨，引导广大学生干部自觉地把个人理想融入新的伟大斗争事业之中。积极推进"青年马克思主义者培养工程""学生干部素质提升课堂"等项目建设，形成课程体系完善、课程内容紧贴需要、课程设计新颖，课程目标递进的学生干部培养培训体系。通过理论培训班和主题实践活动，将宣传引导教育和自主学习行动充分结合，引导学生干部形成"知－行"螺旋递进、"理论－实践"迭代转换的框架，进一步帮助广大学生坚定理想信念，形成理性、深刻、全面、系统的思想认识。

二是积极开展先进典型选树工作。通过优秀学生干部评选，选树典型标杆，发挥学生会干部的榜样示范作用和引领作用。规范学生会主席团例会、部长例会、校（院）主席联席会议、部长联席会议制度，加强思想政治理论学习和工作交流研讨，不断提升学生干部的群众意识、责任意识和奉献意识，更好地转变学生干部作风，以实际行动赢得广大学生信赖，打造信念坚定、品学兼优、朝气蓬勃、心系学生的学生干部队伍。（图1-6）

图1-6　年度评优

## （二）巩固创新组织建设，实施工作效能提升计划

一是系统稳妥推动学生会改革。结合《湖南中医药大学共青团改革实施方案》的有关要求，学校团委下发《湖南中医药大学学联学生会组织改革方案》，遵循"矢志育人、锐意创新、搭建平台、寓教于乐"的基本思路推动学生会改革。规范健全各级学生会的机构设置，成立办公室、学习部、外联部、生活权益部、体育部、社会实践部六个职能部门。完善各级学生会组织的制度建设，形成以章程为中心、制度为

主体、各项条例细则为补充的新制度汇编体系。

二是规范学生代表大会召开。建立科学规范的学生代表大会制度，定期召开校院两级学生代表大会。校级学生代表大会每年召开一次，代表经班级团支部推荐、学院（系）学生会组织选举产生，代表名额一般不低于院（系）学生总人数的1%，名额分配覆盖各个院（系）、年级及主要学生社团，其中非校、院级学生会骨干的学生代表一般不低于60%。院（系）学生代表大会原则上每年召开一次。学生代表大会选举结果应当发出公告，并经同级党委批准，报上级学联、学生会组织备案。

## （三）始终以学生为中心，实施联手连心联通计划

一是推行校级活动项目领办制。由校学生会牵头，协同各二级学院学生会组织建立思想积极、内涵向上、特色鲜明的年度精品学生活动清单。各学院进行独立或合作式申报，校团委根据项目申报书组织评审，统筹确定项目负责单位并提供经费支持。项目领办制既梳理了校、院活动的整体框架，实现了统一有序的资源调配和时间调配，又加大了校、院两级学生组织的沟通交流，实现了人才、资源和项目的互融互通。采取项目领办制度后，活动开展成效纳入学院学生会年终考核，集中力量打造优势、优质的品牌活动，避免杂乱琐碎、内涵不足的活动给学生会组织带来负面影响。采取项目领办制后，还可以按需招募志愿者，更好地实现志愿服务的目标管理与人员管理。

二是完善学生维权帮扶机制。充分发挥学生会组织作为学校联系学生的桥梁和纽带作用，合理有序地代表广大学生

发声，维护学生的正当权益，推动维权与维护校园稳定有机结合。校学生会通过各种渠道及时发布传达学校建设发展的重要决策事项，反馈学生意见诉求，健全权益问题的呈报制度和反馈制度，确保下情上传和上情下达，使学校的决策真正体现广大学生的利益和意志，强化组织服务学生功能。充分发挥学生代表大会、学生会组织在校园治理中的重要作用，打造"校长有约"活动品牌，开展"食堂开放日"等系列活动，依托教育阳光服务中心线上线下平台，广泛收集学生集中反映的重点问题和难点问题，协调各职能部门，用积极妥善的方式化解矛盾，建设育人共同体。

## 三、工作成效

通过体制机制改革和工作创新，学生会的职能作用更加明确，代表性更加广泛，队伍作风更加严实，工作效能更加彰显，学生会政治性、先进性和群众性得到显著增强。2017年，校学生会入选湖南省学生联合会主席团团体单位；2020年，在湖南省学生联合会年度述职评议中获评优秀。

### （一）坚持了学生主体地位

通过改革，学生会以加强对同学的政治引领为根本，以全心全意服务同学为宗旨，及时向同学传达党的声音和主张，引导广大同学自觉把个人理想融入党和人民的共同奋斗之中。学生会各项工作做到了面向全体同学，坚持从同学中来、到同学中去，听取、收集同学在学生发展、身心健康、社会融入、权益维护等方面的普遍需求和现实困难，即时反馈给学校，以帮助有效解决。学生会在工作中收获的认同、支持与理解越来越多，获得的认可也越来越广泛，组织的吸引力和影响力稳步提升。

### （二）建立了联动工作机制

改革实施以来，湖南中医药大学校、院两级学生会遵循按需设置、合力优化、精简高效原则，按照扁平化方式改革职能部门设置，减少管理层次，提高管理效能。校、院两级学生干部队伍数量大幅缩减，校艺术团、大学生科学技术协会、大学生社团联合会、易班工作站统一归口在学生会进行管理。通过重新梳理职能、同类项合并等形式，在人数大幅精简的基础上，实现了工作有亮点、队伍有成绩。学校、学院二级联动的工作格局初步形成，与班级三级联动的工作格局正在有序推进。通过项目领办制等一系列措施，校、院两级学生组织改善了以往单一的"通知性"工作模式，初步建立起"互动、开放、交流、合作"的"多向互动"工作局面。校、院两级学生会组织建立起人才双向流动的工作机制，学生干部的选拔、培养、任用更加规范化、体系化、程序化。

## 四、工作经验与思考

对照《关于推动高校学生会（研究生会）深化改革的若干意见》和《湖南省学联学生会组织改革实施方案》，学校在学生会组织改革中还需要进一步抓好以下几个方面的工作：

一是要进一步研究深化优化学生会组织体系。在现有工作成效的基础上，切实建立"学校、院系"两级联动工作格局，特别是要加强校级组织对院系级组织的指导职责，探索建立学校和学院、学院和班委会之间的"双向述职"工作制度，让广大青年学生在校内养成政治参与意识、权利与义务意识，让学生会组织在上下贯通的基础上扩大辐射范围、服务内容，切实成为广大同学坚定理想信念、养成优良学风、全面成长进步的促进力和催化剂。

二是要进一步健全学生权益代表和维护机制。学生会在学校团学工作中扮演好了"助力军"的角色，但是广大学生权益维护"代言人"的形象并未完全树立起来，影响了学生会群众性作用的发挥。要加快建立维权工作的多级联动体系，逐步制定、完善维权渠道、维权程序、维权事项范围、反馈总结、奖惩机制等维权工作制度，确保维权工作有序稳妥推进。充分发挥好教育阳光服务中心线上线下平台作用，采取问卷调查、座谈等形式广泛收集学生权益维护诉求，并定期形成材料上报或公开反馈。要推动"校长有约"活动走向纵深，探索建立"职能部门交流会"机制，优化学生与学校党政领导、职能部门面对面沟通的常态化机制。

　　广大教师要用好课堂讲坛，用好校园阵地，用自己的行动倡导社会主义核心价值观，用自己的学识、阅历、经验点燃学生对真善美的向往，使社会主义核心价值观润物细无声地浸润学生们的心田、转化为日常行为，增强学生的价值判断能力、价值选择能力、价值塑造能力，引领学生健康成长。

　　——《做党和人民满意的好老师》（2014 年 9 月 9 日），人民出版社单行本，第 6 页

# 案例四　打造精品社团　展示青春风采

## ——大学生社团"五大质量工程"

## 一、案例背景

　　大学生社团是由高校学生依据兴趣爱好自愿组成，按照章程自主开展活动的学生组织。[①] 大学生社团作为高校党团组织工作"手臂"的延伸和拓展，是高校校园文化的重要载体，是高校第二课堂的重要组成部分，通过开展形式多样的社团活动，丰富大学生的课余生活，开阔视野，提高实践能力和综合素质，有效促进大学生的全面发展。

　　湖南中医药大学学生社团工作由学校党委统一领导，由

---

① 中共中央国务院.关于加强和改进大学生社团工作的意见［N］.人民日报，2004-08-26.

学生社团联合会在学生工作部（处）和共青团的指导下，完成学生社团组织建设、活动管理、经费管理和工作保障等日常工作。目前，湖南中医药大学有 58 个学生社团，分为医药学术类、公益实践类、文化科研类、体育竞技类和艺术表演类社团五大类，学生社团类别众多，社团活动内容丰富。

## 二、主要做法

湖南中医药大学锐意改革创新，针对大学生社团在建设中存在的制度化建设有待进一步完善、规范化管理有待进一步加强、协同化发展有待进一步提升的不足，坚持"五个强化"，从思想引领、制度建设、教师指导、品牌打造、规范运行入手，着力推进大学生社团"五大质量工程"，深化改革举措，优化教育策略，加强大学生社团建设。

### （一）强化思想引领，实施社团引领力提升工程

坚持立德树人的基本导向，以学习宣传贯彻习近平新时代中国特色社会主义思想和党的十九大精神为主线，每年在社团开展信念教育、爱国主义教育、道德品行教育、社会主义核心价值观的培育和践行等主题活动，筑牢社团意识形态之基。定期举办社团干部培训班，将学生社团骨干作为学生干部的重要组成部分，纳入学校学生干部选拔、培养、考核和管理体系。在校级学生组织中遴选优秀学生党员，担任社团思想政治建设联系人，和社团骨干一起负责社团活动的顶层设计，既关注青年大学生的兴趣特点，提高学生社团活动的参与度，又确保了社团活动主题鲜明、健康有益，使学生

社团在大学生思想政治教育中更好地发挥作用。

## （二）强化制度建设，实施社团保障力提升工程

按照《高校共青团改革方案》要求，在学校党委的领导下，积极构建以团委为核心和枢纽，以学生会为学生自我服务、自我管理、自我教育、自我监督的主体组织，以学生社团及相关学生组织为外围延伸手臂的"一心双环"组织格局，由校学生会副主席兼任学生社团联合会主席。制定《湖南中医药大学学生社团管理规定》，健全社团资格准入，完善社团负责人选拔，优化社团运作流程。通过科学规范的制度设计与执行实施，实现大学生社团管理从粗放式到精细化的转变，使大学生社团成为强化思想引领的阵地、培育健康文化的载体、凝聚青年学生的纽带。

## （三）强化教师指导，实施社团驱动力提升工程

学校为每个社团配备一名社团指导老师，建立了"校团委－学生社团联合会－社团指导老师"三级管理机制。校团委从全员的角度考虑，形成由学科专业教师、党政领导干部、行政教辅人员、社会（企业）导师组成的指导团队。专业教师从专业角度为社团活动提供业务指导，使学生社团的各项活动充满专业味道；思想政治教育教师、党政干部进行价值引领，纠正学生的思想偏差；行政教辅人员负责学生社团的日常规范运行管理，确保学生社团的健康发展。《湖南中医药大学学生社团指导老师管理办法》明确规定，年度考核合格的社团指导老师按照 32 学时 / 年的标准核发奖励性绩效；根据考查评定情况，按照社团数量 10% 的比例评选优秀社团指

导老师；社团获校级以上奖项或参加省级及以上重要活动，可作为老师校内评先、评优及职称评定的依据，以鼓励教师长期指导社团发展。

### （四）强化品牌打造，实施社团组织力提升工程

重视社团品牌文化的培育和创新，建立品牌特色活动申报制度和评比表彰制度，引导社团活动向精品化方向发展。鼓励一个社团推出一个精品活动，如潇湘医学社的"药膳大比拼"，尚善爱心社的"爱心月"活动，医路关爱志愿者协会的"防艾周"活动，汉韵衣风协会的"拜师礼"，篮球协会的"三人制篮球赛"等特色活动，都是备受学生喜爱的品牌校园活动。学校每年开展社团评优，评选出"十佳精品社团""十佳会长""优秀社团干部"和"优秀社团指导老师"，在学生社团联合会官方微信公众号及校团委微博、微信等新媒体平台上予以专题宣传报道，并在每年5月的社团风采展示月中进行展示。（图1-7）

图1-7 丰富多彩社团活动

## （五）强化规范运行，实施社团协调力提升工程

坚持以育人功能和活动效果为主要指标，按社团活跃程度、社团组织结构完善程度、社团活动创新程度等评价体系，以分类和综合排名方式对社团进行考评，建立社团的晋级制和精品社团的表彰制度。对考核分数偏低，社团管理松散，活动质量差的社团予以停办整顿。对于学生参与面广且在同学中有较大影响力的"品牌"社团，予以经费和活动场地保障。同时，建立社团活动加分制，把社团干部、精品社团的会员纳入学生综合素质测评体系。总之，针对不同类型的学生社团，校团委秉承"大力扶持理论学习型社团、热情鼓励学术科技型社团、积极倡导志愿服务型社团、正确引导兴趣爱好型社团"的原则，保证大学生社团健康、持续、稳定发展。①

## 三、工作成效

"积薄而为厚，聚少而为多"。社团管理日渐规范，育人功能不断凸显，直接推动了社团项目化实施、特色化建设、精细化管理、社会化运行，培育了一批精品社团。跆拳道协会和小儿推拿协会获评"湖南省高校十佳学生社团"，针灸推拿协会获评"湖南省百优社团"。医路关爱青年志愿者协会的"行动起来，向'零'艾滋迈进"项目被评为湖南省最佳志愿服务项目。

① 赵立香.高校学生社团建设与管理［M］.甘肃：甘肃人民出版社，2007.

高等中医药院校
思想政治工作理论和实践探索

## （一）推动了社团的项目化实施

以项目为中心的社团活动模式，打破了社团活动只有少数人负责的格局，每位会员都可以成为项目负责人和项目执行者，从而提高了会员参与社团活动的积极性、主动性和成就感，提升了对社团的归属感、责任感和使命感。据统计，项目化实施后，社团活动比之前增加了一倍，极大地推进了学校的校园文化建设，丰富了学生的日常生活。

## （二）推动了社团的特色化建设

特色是一个社团形象的综合体现，是社团的发展方向、存在依据乃至灵魂。社团品牌特色活动申报制度和评比表彰制度，引导了各社团纷纷围绕自身社团文化，结合自身实力申报特色活动，校团委加强对认定的社团特色活动予以指导和支持，推动了学校"一社团一特色"工作的落实，一系列优秀社团活动的开展，让学生的不同个性得以充分发展，学校呈现出一种健康向上、生动活泼的和谐校园文化氛围。

## （三）推动了社团精细化管理

社团的组织管理既要"一切按程序办事"，又要把一切都简单化，精简程序，节省资源。《湖南中医药大学学生社团精细化管理模板》的制定，建立了良性的运行机制、规范的管理办法，使社团活动制度化、规范化，避免因个人感情、经验、兴趣给社团发展带来盲目性和随意性。

## （四）推动了社团社会化发展

《国家中长期教育改革和发展规划纲要》中规定，要"加强学生社团组织指导，鼓励学生积极参与志愿服务和公益事业"。在这一思想的指导下，校团委对大学生日渐强烈的社会参与意识和服务社会的愿望进行了积极有效的引导，使得致力于志愿服务和公益事业的社团在湖南中医药大学得到了迅猛发展。目前，涉及关爱特殊人群、医疗救助、法律援助、支教支农等方面的社团数量，已超过学校社团总数的1/3。

## 四、工作经验与思考

如何进一步做好社团的品牌建设，打造精品社团，可以从以下几个方面着手：

一是提升社团活动层次，提高活动质量，打造凸显自身特色的品牌活动。从活动的形式、内容、宣传上着手，层层把关，做好结合，自身特点放在突出位置，进取创新，要敢做别人做不到、做不好的事，彰显社团特色。

二是从提高会员的满意度出发，为会员群体量身打造可接受度高、参与性强、吸引力大的亲和型特色品牌活动。办出社团骨干有成就感、会员群体有认同感、社团指导老师有回馈感的好活动，把活动品牌、社团品牌树立在会员心里，彰显社团影响力。

三是加大对社团指导老师的培训和考核，进一步提高指导老师的理论素养、专业技能和业务水平，确保指导老师用党的先进理论成果指导社团的发展，以他们良好的专业和业务能力，保证社团活动的质量和效果。

习语

　　要在厚植爱国主义情怀上下功夫，让爱国主义精神在学生心中牢牢扎根，教育引导学生热爱和拥护中国共产党，立志听党话、跟党走，立志扎根人民、奉献国家。

——习近平在全国教育大会上的讲话（2018年9月10日）

## 案例五　青春心向党　建功新时代
### ——"青春旗帜"升旗仪式暨国旗下讲话主题团日活动

### 一、案例背景

　　2019年，中共中央、国务院印发《新时代爱国主义教育实施纲要》提出："注重运用仪式礼仪　……在全社会广泛开展'同升国旗、同唱国歌'活动，让人们充分表达爱国情感。"升旗仪式是追溯历史、构建集体记忆、巩固政治信仰、强化国家认同的重要途径。共青团湖南中医药大学委员会从2015年开始，面向二级学院连续开展"青春旗帜"升旗仪式暨国旗下的讲话主题团日活动，把爱国主义教育融入日常，做在经常。

## 二、案例实施

近年来，湖南中医药大学制度化开展"青春旗帜"升旗仪式暨国旗下讲话主题团日活动。每年年初，校团委确定升旗仪式活动主题，做好升旗秩序安排，各二级学院党政领导和学生科全体老师及全体在校学生集体参加，通过"四个一"模式，即一个升旗仪式、一篇主题讲话、一位榜样演讲、一同重温誓词，构筑起民族历史和时代成就联系的桥梁，搭建起爱国主义记忆共同的文化场域。

图1-8 "青春旗帜"主题团日活动

### （一）创新优化设计，增强仪式情感体验

在形式上，"青春旗帜"主题团日活动采取"四个一"模式，可以强化仪式教育的情感体验。升旗仪式运用象征符号将要表述的内容结合雄壮的国歌传递出来，强化了仪式参与者对民族奋争历史的感知和"中国人"这一身份的认同和归属感。国旗下的讲话由学院领导结合历史事件、时事热点开

展理想信念、国情世情、传统文化等教育，升华活动主题；主要学生干部作榜样演讲，唤起学生对国家近现代史的集体记忆。特别是全体团员青年在学生团委副书记的带领下，重温自己对共青团组织的铮铮誓言，表达了为共产主义事业奋斗的信念和决心，主题教育、仪式教育汇成一股磅礴的思政力量注入青年学生心中。（图1-8）

### （二）回应现实关切，提升仪式吸引力

各二级学院团委积极挖掘升旗日相关思政元素，将中国人民的奋斗史、中国共产党的光辉历程融入国旗下的讲话，挖掘升旗仪式的时代价值，让仪式参与者真正感受升旗仪式的庄严、肃穆，感受活动组织者的专注、执着，感受历史的厚重与期待，感受未来的精彩与召唤。通过结合历史事件回应大学生价值观模糊、信仰迷茫、社会发展存在的问题，帮助大学生对自我归属的清晰认识，明确"我"和"我们"的归属。（图1-9、图1-10）

**图1-9 "纪念一二九爱国运动"升旗活动**

图1-10 "庆祝建国70周年"升旗活动

### （三）完善机制，增强仪式教育实效性

一是完善升旗仪式的落实机制。学校团委制定执行和落实升旗仪式的规章制度，各院系有序地落实升旗仪式，同时有章可循。二是完善升旗仪式的反馈机制。二级学院团委须在活动后将活动的总结材料及讲话稿在规定时间报送校团委，有效保障了仪式的设计者和参与者之间的交流，及时进行意见收集和建议整理，为下一次升旗仪式做准备。三是建好升旗仪式的宣传机制。充分利用学校团委官方微信公众号和二级学院团委微信公众号搭建宣传矩阵，主动向外界传播升旗仪式的内容、形式及效果，培养学生的爱国情感，强化学生国家认同心理，增强国家意识和民族情感。

## 三、工作成效

"青春旗帜"主题团日活动开展5年以来，共举行升旗仪式80余场，近6万名师生参与了活动。2016年，活动主题为"青春旗帜·点赞中国"；2017年，活动主题为"青春旗帜·不忘初心跟党走"；2018年，活动主题为"青春旗帜·不忘初心牢记使命";2019年，活动主题为"青春旗帜·青春心向党，建功新时代"。"青春旗帜"主题团日活动已经成为学校立德树人、开展思想政治教育的一个品牌阵地。

## （一）营造了浓厚的育人氛围

升旗仪式承载着弘扬社会主义核心价值观、培养公民道德的潜在使命，对学生人生观的形成和发展具有极其重要的意义。升旗仪式通过渲染一种特殊的氛围，营造一种极具感情色彩的场域，将社会主义核心价值观融于具体可感知的仪式情境之中，对学生进行潜移默化的价值引领，使青年学生自然而然地接受并逐渐内化为自身的价值追求。严肃、庄重的升旗仪式配合贴近学生生活、贴近学生实际的国旗下讲话，这样的思想工作是带有真情实感和穿透力的，是富有感染力和启发性的，能够让参与者用心听、用情学、勇践行。

## （二）涵盖了丰富的育人主体

升旗仪式作为学校隐性教育的重要手段，借助国旗、国歌、队列、服饰，使校园自然有了一种庄严肃穆的气氛，在这种氛围中学生潜移默化受到文化的感染，从而认同文化中所传递的情感、信念、价值观，避免了显性教育中的刻意性、强制性引起的学生抵触心理。台上升旗手和护旗手可以起到榜样示范作用，他们通常都是品学兼优的学生代表，站在升旗台上代表着一种荣誉。学生在升旗仪式中发言，能够极大地影响、带动、激励所有参与者，让学生成为活动的主角，学生同时也就成了育人场景的营造者和德育要素，不再是被动的信息接收者。

## 四、工作经验与思考

"青春旗帜"主题团日活动深化了思想政治教育内容，丰富了思想政治工作手段，提升了思想政治教育效果。如何让"青春旗帜"主题团日活动能够更充分地发挥思想教育重要场域作用，可以从以下方面加以努力：

### （一）延长思政教育持久度

升旗仪式不仅仅是"此刻"在场的体验，还要引入"此前"知识和情感的导入。活动前可在微信公众号、班级QQ群，围绕活动特定的历史事件展开宣传教育，为升旗仪式参与者建立情感联系的基础。在"此前"和"此刻"的基础上，再引入"此后"的情感教育。特定历史事件和升旗仪式的组合唤醒了在场者的参与热情，这个热情是阶段性、易消逝的，需要进一步提升热度，保持温度，尽可能地延长思想政治教育的持久度。

### （二）创新活动的形式设计

主题团日活动通过周期性重复性的操演来巩固仪式参与者与特定历史的联系，强化对于国家和学校的认同。但多次重复后容易造成疲劳感，从而影响教育效果。所以，活动的形式应创新，可以融入大合唱、诗歌朗诵等方式，让更多的学生参与筹备活动，增强对活动的参与感，增加活动的情感体验。

要充分发挥党和国家功勋荣誉表彰的精神引领、典型示范作用，推动全社会形成见贤思齐、崇尚英雄、争做先锋的良好氛围。

——习近平对党和国家功勋荣誉表彰工作的指示（《人民日报》2016 年 5 月 19 日）

# 案例六　身边的榜样　前行的力量
## ——"天地恒一·杰出学子"奖励计划

## 一、案例背景

《关于进一步加强和改进大学生思想政治教育的意见》中指出，要广泛开展向先进典型学习的活动，善于发现和运用先进典型，梳理可亲、可敬、可信、可学的道德楷模，让广大学生学有榜样、赶有目标、见贤思齐，从先进典型的感人事迹和优秀品质中受到鼓舞、吸取力量，使先进典型的高超情操成为社会的共同财富。

榜样教育就是见贤思齐教育，就是将先进典型作为榜样，以其高尚品德、价值观念、模范行为、优异成就来启发、引导、影响受教育者，使受教育者获得启迪和鼓舞，进而模仿榜样行为，形成与榜样一致品行的教育活动。① 湖南中医药大学坚持"最好的教育是学生同辈自我教育"的理念，积极探索"天地恒一·杰出学子"奖励计划的育人路径和工作机制，充分发挥优秀学子的示范带动作用。

## 二、案例实施

"天地恒一·杰出学子"奖励计划的目的在于"以高尚的精神塑造人、以文明的行为感染人、以优秀的品质熏陶人"，发掘和塑造学生中的先进典型，号召和带动广大学生学习榜样，奋发成才，努力进取。"天地恒一·杰出学子"奖学金的评选活动已连续开展4年，由湖南天地恒一制药股份有限公司每年资助10万元，用于奖励学校在科研创新、发明创造、社会实践等方面表现突出的优秀学子。

### （一）奖励计划的具体实施

2016年首度评选"天地恒一·杰出学子"以来，学校每年都定期开展评选，并且不断完善评选规则。经过几年的实践，方案已经趋于成熟。

第一步：自主申报。申请者准备相关申报材料递交至各学院团委或校级学生组织。各学院团委或校级学生组织对申报人进行资格审查、签署意见并加盖公章，报送校团委。

第二步：审核评选。校团委汇总申报信息，审核申报材料，对符合条件的申报者材料进行统计归档，并将相关信息

① 蒋慎之.强化榜样教育助推"知农爱农"新型人才培养［N］.湖南日报，2020.12-24.

与企业方沟通。企业方和校团委组织对入围申报者材料进行复核，根据评选标准和细则进行打分，最终确定终审名单。企业方和校团委共同邀请专家组成终审答辩委员会，候选人根据申报材料进行个人阐述，回答答辩委员会的提问。

第三步：公示。将拟获奖人员名单在全校范围公示。公示期间，学生对候选人名单可提出意见，校团委负责意见的接收、处理和回复。必要时可调整候选人名单。

第四步：举行"榜样的力量"事迹报告会。奖项颁发借鉴"感动中国"等节目，采取旁白加报告会的形式，通过"演"和"说"，让同学们沉浸下来，接受榜样成长背后的故事启迪。

### （二）奖励计划的评选条件

奖励计划分为学术科研、创造发明、杏林之星、创新创业、社会实践等五个类别。

**1. 学术科研奖** 在核心期刊发表专业领域学术论文 1 篇以上（本科生和硕士一年级 1 篇、硕士二年级 2 篇、硕士三年级 3 篇，博士研究生类推），要求申请者为第一作者；或参加"挑战杯"系列竞赛（大学生课外学术科技作品竞赛、大学生创新创业竞赛等）获得省级二等奖（银奖）及以上奖励（申请者在团队中排前两名）者可申报。

**2. 创造发明奖** 申请者获得具有显著社会实践意义的科研成果，有 2 名正高职称教师推荐该成果。或者申请者获得国家发明专利、实用新型专利。

**3. 杏林之星奖** 申请者应为评审年度任职的学生干部，在校、院两级学生组织工作时间 2 年以上，学习态度端正，成绩优异，工作成绩突出，在同学中有较高的威信，无违规违纪记录，须获得省级及省级以上奖励1项，或校级学生干部类别奖励（含优秀学生干部、优秀团干部等）2项及以上。

**4. 创新创业奖** 创办或参与创办企业、社会组织，并担任主要负责人，所创办的企业、组织存续1年以上，经营管理正常。独自或组织团队进行校园代理等创业行为，形成一定的规模和市场，获得良好的经济效益。自主创新的营销或服务模式，取得一定的市场进展，有较好的市场前景。

**5. 社会实践奖** 热心公益事业，具有奉献精神和社会责任感；积极参与各项社会实践活动（含暑期"三下乡"社会实践活动、"四进社区""中医药文化进社区"活动及校团委认定的社会实践活动），表现突出，获得校级及以上奖励。热心社会公益事业，参加公益类社会实践组织（含院级以上"三下乡"队伍、公益社团、志愿服务团队等），持续服务时间长且表现突出。

## 三、工作成效

"天地恒一·杰出学子"奖励计划充分发挥典型引领作用，用榜样的力量引导广大青年大学生共同进步，对营造健康、向上的校园文化产生了积极的促进作用。（图1-11、图1-12）

图 1-11　奖励计划获奖学生

图 1-12　分享报告会

## （一）典型选树——从学生中涌现

近年来，学校在学术科研、创造发明、创新创业、社会实践等领域选树各类优秀大学生典型100余名，如全国无偿献血奉献奖金奖、第十四届中国大学生年度人物入围奖获得者吕广仁，全国大学生自强之星徐润蕾，全国优秀团员陈禧音，湖南省向上向善好青年陈星宇等。目前，学校的优秀大学生典型及其事迹呈现群英效应，彰显了学校丰硕的育人成果。

## （二）典型宣传——榜样示范引领

结合大学生喜闻乐见的网络平台和新媒体技术，通过 B 站开放"榜样的力量"颁奖晚会的网络直播，拓展了榜样教育的途径。在官方微信公众号上对优秀典型的榜样事迹进行推介，榜样的故事更加深入大学生的视野。贴近大学生生活、贴近社会实际的榜样展示和宣传，充分发挥了榜样的引导和示范作用。

## （三）典型教育——随榜样前行

在入学初，在日常里，交流经验，交汇思想，分享故事，畅谈未来，"同辈间的教育"成为校园文化的新常态。学校召开"榜样力量"颁奖典礼，让优秀大学生面向全校师生开展"我的青春故事"集中宣讲，成为新同学"终身受益、毕生难忘"的大学一课。开展"青春有约"经验交流会，定期让先进典型与同学们面对面交流，开展学习、生活、工作、心理等专题辅导，号召更多的学生跟随榜样的脚步，服务他人、成长自我。

# 四、工作经验与思考

## （一）始终把握思想引领这个核心，激励成长成才

"天地恒一·杰出学子"评选已经成为具有重大校园影响力的品牌活动。通过随机调查发现，广大学生热议的话题更多聚焦在获奖者的道德素养与拼搏精神，也就是说"天地恒一·杰出学子"评选切中了共青团工作的中心任务——思想

引领。通过挖掘宣传同学们身边的榜样，能够最大限度激发大家的奋斗愿望，能够最大程度地感染人，帮助共青团工作进一步深入人心，激励更多人成长为榜样。

## （二）充分发挥各级团组织的力量，加强组织育人

"天地恒一·杰出学子"评选就像一条鲶鱼，激活了团学组织在广大青年学生中的新形象。各级团组织高度重视、广泛动员、深入挖掘，保证了活动宣传、推荐、评选、表彰各环节的顺利进行。通过几年的运行，二级团组织将榜样人物的选树、推荐、宣传、推广融入新生入学教育，进一步扩大活动影响力，为榜样人物培养蓄上"一池活水"，在全校范围内形成了发现先进、学习先进、赶超先进的良好活动氛围。

## （三）善于借力借势广泛开展宣传，坚持久久为功

要建立大宣传理念，将获奖人物的选树宣传与活动的宣传结合到一起。坚持宣传先行策略，活动启动同时就发动宣传攻势，让活动成为舆论关注的焦点；活动结束后，在校报开设校园之星专栏，让典型人物讲述自己的成长感悟；定期开展大学生风采展，编撰典型人物事迹汇编，择优刊登在《新生入学指南》；同时建立线上线下融合推广模式，宣传海报和微信推送做到各有侧重，用不同的表现形式吸引更多的人群，让典型人物的宣传层次多、方位广、辐射范围大，拉长活动的宣传时效，在广大学生脑海中种下一个事件记忆点。

教师是人类灵魂的工程师，承担着神圣使命。传道者自己首先要明道、信道。高校教师要坚持教育者先受教育，努力成为先进思想文化的传播者、党执政的坚定支持者，更好担起学生健康成长指导者和引路人的责任。

——习近平在全国高校思想政治工作会议上的讲话（2016年12月7日）

## 案例七　师者匠心同频　党建团建学建共振
### ——湖南省高校首个党代表工作室

## 一、案例背景

高校党建和思想政治工作是我国高等教育的鲜明特色，也是办好高等教育的优势所在。党代表工作室是深化党代会常任制的重要载体，建设党代表工作室对提高党建工作的科学化水平、推动经济社会科学发展具有重要意义。从高校实际出发，推进党代表工作室建设是高校党建工作的改革创新。湖南中医药大学坚持以立德树人为根本任务，注重多主体参与、多渠道构建，立体式搭台，形成"全员育人、全程育人、全方位育人"的强大合力。围绕中国共产党湖南省第十一次代表大会代表卢芳国同志组建党代表工作室，把党在政治上

的先进性转化为鲜活的思想政治工作力量，在高校学生思想政治工作方面扎下根、沉到底、开出花、结硕果。（图1-13）

图1-13　中国共产党湖南省第十一次代表大会代表卢芳国（左一）

## 二、案例实施

### （一）统筹谋划，把好立德树人"航向舵"

2018年2月经学校党委研究决定，由学生工作部（处）牵头，成立党代表工作室，以"党代表引领＋学生主体"为模式，聚焦学生思想政治教育，探索高校党建工作与育人工作六个相结合，即：促进党代表履职与服务学生成长成才相结合；促进思想政治教育与知识教育相结合；促进树立正确的政治方向、价值取向与学术导向相结合；促进理论教育与实践养成相结合；促进育心与育德相结合；促进解决实际问题与解决思想问题相结合。联动"湖南省中国特色社会主义理论体系研究基地""湖南省思想政治工作研究基地"和"湖南省中医药文化研究基地"，搭建多维协同育人平台。在学校党委的布局下，人文与管理学院党委入选首批"全国党建工作标杆院系"培育创建单位，中医学院立项湖南省首批"三全育人"综合改革试点院（系），人文与管理学院第二职工党支部入选第二批"全国党建工作样板支部"培育创建单位，进一步丰富了党代表工作室的资源和平台。

## （二）履职尽责，躬耕不辍坚守"主阵地"

党代表工作室紧紧抓住新形势下学校党群工作新特点，广泛开展理想信念和红色基因教育。结合"不忘初心、牢记使命"主题教育，引导学生"学党史、知党情、明国情"，培养学生社会责任感和使命感。卢芳国同志多次到学校党校以及职工、学生党支部等宣讲党章知识和党的十九大及十九届四中、五中全会精神，"让马克思说中国话，让大专家说家常话"，把党的好声音传播到基层一线。以"在立德树人视阈下如何成为一名优秀教师""如何结合本职工作加强师德师风建设""不忘教育初心，牢记育人使命"为题，到学校青年教师培训班、图书馆教职工大会和学校高层次人才思想政治教育及师德师风建设高级研修班及湖南中医药高等专科学校等开展专题报告。2019年，学校成立理论宣讲团，将党代表工作室的"'微'理论'易'宣讲"活动纳入其中，重点围绕党的先进理论、党史国史团史、国情形势政策、先进人物典型事迹等内容，通过身边人讲身边事、身边事教身边人，推动学生更好领会党的好声音。

## （三）广泛调研，精准施策破除"中梗阻"

党代表工作室负责人卢芳国同志和工作室志愿者通过走访学院、班级和学生，与青年学生近距离接触，深入了解学生关心关切的热点难点问题，认真听取意见建议，连续多年撰写教育工作提案，把高等教育的基层实情准确反映给地方决策层作为参考。党代表工作室与"职梦起航"辅导员名师工作室构建起协同运行机制，党代表与辅导员联动，在做好学生专业教育、开展就业、职业教育方面建立更广泛密切的合作，使党代表作用发挥更充分，与青年学生联系更密切。卢芳国同志每周四晚在工作室接待来访，"面对面""零距离"接待学生，开展谈心谈话，交流学习困惑、择业就业、未来思考、个人情感等方面问题。

## （四）聚焦发力，唱响为民服务"主打歌"

真诚倾听师生呼声，认真思考怎样为师生群众服好务，为学生排忧解难办实事。点滴温情汇成江河湖海，口耳相传铸就有口皆碑。一批批学生主动走进这间小小工作室，诉说自己的困扰和诉求，卢老师结合自身工作成长经验为孩子们细致分析指导。"卢教授本身就很和蔼可亲，她对待学生就像对待自己的孩子一样，事无巨细都一一关照，我们也都乐意对她敞开心扉……"被学生们亲切称作"党员妈妈"的她特别注重引导学生"有话向党说，有难找党帮"，培养学生"听党话跟党走"的理想信念，帮助学生们解决实际问题，解答学业困惑，疏解焦虑情绪，拉近了党代表与学生的时空距离和心理距离，营造出温馨舒适、富有人文性和时代性的教育氛围，达到润物细无声的效果。学校党代表工作室逐步成为密切党群关系的"连心桥"，化解矛盾的"防洪堤"。

## （五）深耕特色，立起课程育人"风向标"

作为免疫学基础与病原生物学课程教学方面的专家，卢芳国始终将课堂作为育人的主阵地和主渠道，系统梳理所授课程所蕴含的育人元素，深耕学科特色，在专业课程教学中厚植"赤诚奉献"的品格。她率领工作室团队成员充分挖掘古今中外医药学家生平故事中的科学精神、奋斗精神、爱国精神等思想政治教育元素，录制诸如"抗疫传奇战士"钟南山、诺贝尔奖获得者屠呦呦、"医中之圣"张仲景、国际共产主义战士白求恩等"融贯古今中外，奉献医药事业"育人故事微课程视频 20 个，将价值引领、理想信念塑造等融入微视频。视频已通过课程服务平台"智慧树"面向全国师生免费共享。微视频的推广应用引发学生积极思考，现已收到学生40 万字的学习体会，大家纷纷表示"要学抗疫英雄，奉献医药事业，做优秀接班人"。

## 三、工作成效

党代表工作室以"知党情、听民意、谋发展、促和谐"为主题，秉持"围绕学生、关照学生、服务学生"原则，由党代表、联络员、志愿者等组成工作队伍，自 2018 年 4 月至今，每周四晚 7 点至 10 点面向全校师生开放，每晚接待来访学生 2 人，目前已累计接待与回访学生 100 余人次。围绕党代表工作室的相关科研工作获得湖南省"大学生思想政治教育改革创新项目"立项 1 项，获得全国高等中医药院校党建和思想政治工作研究会优秀论文一等奖 1 项，湖南省高等教育教学成果二等奖 1 项，受到中国中医药报、湖南教育电视台、湖南日报、科教新报等 8 家媒体的关注和报道。

## 四、工作经验与思考

高校党代表工作室是新时代高校党建、思政、教学、科研、管理"五位一体"发展模式的创新探索和内在要求，更是落实立德树人根本任务的创新抓手。其关键点和着力点在于：

### （一）因事而化，迈好关心学生"最初一公里"

创新育人形式，让思政教育借"式"化事。为让思政教育"活"起来，学校构建起党代表工作室与院系党委、教工（学生）党支部纵向协同格局，通过对在校学生思想状况开展大调研，主动对教育对象群体的"脉象"进行"把脉"，充分利用学校各方资源，多方配合、上下联动、内外协同予以"诊疗"落实。同时，探索实体工作室与网络工作室相结合，固定工作室与移动工作室相补充，教师党代表工作室与学生党员代表相联动的开放、联通育人工作平台，形成立体化工作体系，创造团结协作和协同共治的运作格局，共同推动党的教育规划目标落地落实。

### （二）因时而进，走好服务学生"中间一公里"

创新育人思路，让教育活动"潮"起来。党代表工作室与学校各有关教学单位、职能部门、学生社团等建立起信息沟通、分工协作、良性互动的工作模式，助力党代表工作室发挥听民意、察民情、解民困的桥梁作用。依托党代表工作室开展"知党情，做学生理想信念的教育者；听民意，做学生校情民意的体察者；促和谐，做学生和谐发展的促进者"等活动，通过信息沟通、联合提案等方式，形成共同参与、协同共治的联动运作机制，将工作创新贯穿于党代表任期制工作全过程，确保党代表作用发挥的持久性、常态化、长效化，体现出高校思想政治教育的全员性和协同性，为学生全面发展创造更多有利条件。

### （三）因势而新，跑好立德树人"最后一公里"

创新育人理念，让思想阵地"亮"起来。党代表工作室的运转模式本质上就是践行党的群众路线，坚持一切为了群众，一切依靠群众，从群众中来，到群众中去，把党的正确主张变为群众的自觉行动。[①]党代表工作室的工作方法本质上就是以"群众视角"看问题，用"群众语言"讲道理，把"群众需求"放心上。擦亮党代表工作室底色，使之品牌化、品质化、品味化，就是在践初心、聚党心、赢民心。强化有口皆碑的思政教育工作品牌，就是在拉近群众距离，让习近平新时代中国特色社会主义思想在高校这个意识形态重要阵地进一步实起来、亮起来、强起来。

① 中国共产党章程［N］.求是，2018-10-24.

第二篇

# 以文化品牌涵木浸润时代新人

中医认为，木性蓬勃，生发万物。高校思想政治工作要善于从祖国优秀传统文化中吸取营养，用导向鲜明、底蕴深厚的文化产品浸润式塑造青年正确的世界观、人生观、价值观。本篇对高校文化育人进行理论研究和实践探索，6个案例在塑造『青字号』品牌、守好『团字号』阵地方面作出了有益尝试，有效解决了对党的科学理论进行青年化阐释能力不足、思想政治引领教条刻板现象突出等问题，高校思想政治工作呈现万木争荣的新气象。

# 第一节　高校文化育人理论研究

高校文化育人是高校思想政治教育的重要手段，是新时代弘扬和培育社会主义核心价值观的重要途径。在文化强国战略下，大力发展中国特色社会主义文化，培养具有社会主义核心价值观的人才，既是提高中华民族文化软实力的必然措施，也是当前中国高等教育的重要历史使命。[①]

## 一、高校文化育人的科学内涵与时代意蕴

### （一）高校文化育人的科学内涵

**1. 文化育人的含义**　文化育人，一言以蔽之，即"以文化人、以文育人"。"文"即文化，广义上而言是经过历史去芜存精后所保留下的物质财富和精神财富的总和，具有积极的正向引领价值。"化""育"是手段或途径，具有导、引的媒介属性。而"人"是"化""育"的客体，具备极强的可塑性。文化育人的本质就是充分运用"文化"的价值属性，教育引导人追求真善美，成为具备一定知识积累和理性思维、追求崇高品性修养的个体。

① 孙迎光. 新时代中国教育的五大历史使命——举旗帜、聚民心、育新人、兴文化、展形象［J］. 人民论坛，2019（17）：59-61.

古今中外，学者对于文化的教育意义早有认识。在中国，"文化"一词最早可追溯至战国末年，《易·贲卦·象传》有云："刚柔交错，天文也。文明以止，人文也。观乎天文，以察时变；观乎人文，以化成天下。"在这里，"人文"与"化成天下"紧密联系，"以文教化"的思想已十分明确。西方思想史上最早给文化定义的是英国文化人类学奠基人泰勒（E.B.Tyloy，1832～1917）。他认为："文化或文明，就其广泛的民族学意义来讲，是一复合整体，包括知识、信仰、艺术、道德、法律、习俗及作为一个社会成员的人所习得的其他一切能力和习惯。"20世纪50年代，美国文化人类学家克拉克洪和克罗伯收集了164种关于"文化"的概念和定义，认为"文化"包括语言、社会组织、宗教信仰、婚姻制度、风俗习惯及生产的各种物质成就；文化是人类独有的，是后天经学习获得的，是"超有机体"的，并就文化发表了"十八条宣言"。[①]而苏联则有学者将"文化"解释为人类在不同历史的发展阶段中凭借该阶段所拥有的理念和智慧在物质财富和精神财富上所创作出的价值总和。

学界关于文化育人的理论研究并不是很多，韩延明在《大学文化育人之道》一书中，从文化学、心理学、社会学、教育学、管理学等多学科视角研究了大学文化育人，为深入研究文化育人奠定了一定的理论基础。章兢、何祖健认为，文化育人是在知识教育中通过文化价值等各种非智力因素推动人发展，达到"文而化之"的目的；[②]李建国认为，文化育

---

① 周相卿．法人类学理论问题研究［M］．民族出版社：2009．
② 章兢，何祖健．从"知识育人"到"文化育人"——整体论视野的大学素质教育［J］．高等教育研究，2008（11）：9-13．

人是以文化为内容，通过文明化的方式化育人性，引导人文明化的生产与生活活动。①李峰、王元彬认为，文化育人是通过文化环境熏陶和文化活动影响，用先进文化教育人、引导人和塑造人。无论是从哪个角度进行研究探讨，学者们对于文化的基本功能都有较为一致的看法：文化的基本功能是塑造人或教化人。而文化功能的实现过程，就是文化育人。

文化育人中的"文化"有两重含义，一是指育人"内容"和"载体"意义上的文化，即以什么文化内容和文化形式育人；二是指育人"目标指向"意义上的文化，即育人的核心"目标指向"不只是停留在表层意义上的掌握某些知识或表现出某些期望行为上，而是从更深的精神文化层面，即人的价值观理念和信仰上教化人，塑造人。②正是由于文化具有塑造人或教化人的功能，所以我们认为：文化教育是在人文精神的影响下，通过文化价值观的介入，使各种复杂的知识成为人们世界观和价值观的一部分。为了促进人的生存和全面发展，实现人的价值，其实质是以人类文化的积极价值为导向，教育人的德、理、真、善、美，实现对立德树人的追求。在此过程中，"文"是教育过程中的基本内容，"化"是教育过程的最终目标。我们还可以更进一步明确，文化育人关键在于价值观、认知思维模式和行为方式的塑造。

**2. 高校文化育人的含义**　目前，关于高校文化育人的研究，学术界主要是从高校校园文化的角度研究育人问题，而从思想政治教育视角探讨文化育人的较少。

一是把高校文化育人看作是一种培育人的途径。"高等

① 李建国. 文化育人的哲学省思 [J]. 高等教育研究，2014（4）：8-15.
② 郝桂荣. 高校文化育人研究 [D]. 沈阳：辽宁大学，2017.

教育是优秀文化传承的重要载体和思想文化创新的重要源泉。要积极发挥文化育人作用，加强社会主义核心价值体系建设，掌握前人积累的文化成果，扬弃旧义，创立新知，并传播到社会、延续至后代，不断培育崇尚科学、追求真理的思想观念，推动社会主义先进文化建设。"原中共中央总书记胡锦涛的这段话深刻阐述了文化育人在高等教育中的角色和作用。大学只有贯彻"文化育人"的理念，才能够确保高校真正培养出适应社会发展需要的高素质人才。文化育人体现了对高等教育使命更全面、更深刻的认识。大学校园文化是一种教育文化，育人功能是文化的主要功能。①原教育部部长袁贵仁就提出："从某种意义上讲，大学就是文化。大学的教学过程本质上是一个有针对性、有计划的文化过程。所谓教学与教育、管理与教育、服务与环境归根到底是教育文化。"因此，我们可以更好地理解大学文化与人文教育的关系，即大学文化的基本任务是传承文化、传播文化、创造文化、培养健康健全的人，实现文化育人的功能。大学通过文化育人，可以帮助人们形成科学的世界观、人生观和价值观，促进思想道德素质的自我完善和全面发展。

二是把高校文化育人看作是一种育人的内容。教育部专门出台文件对高校文化教育提出要求："深入发展我国优秀传统文化、革命文化和文化教育以及社会主义先进性。"确定了新时期高校文化教育的基本内容。②大学文化是人类社会长期发展积累的优秀文化的体现，大学文化传播的执行者和传承人均是文化人，即优秀的大学文化能够促进大学生全面、自

① 马兰兰.高校文化育人初探［D］.杭州：浙江理工大学，2015.
② 杜飞进.汇聚新时代国家治理的强大道德力量［N］.人民日报，2019-11-21.

由、和谐、健康发展。一方面，高等教育的目标是培养具有优秀校园文化的大学生，促使他们内化为指导自身健康成长的价值观；另一方面通过优秀的大学文化，能够使大学生表现出体现大学特色的心态。"文化教育不仅是大学的重要任务，也是大学文化意识的重要体现。"教育和文化自然是紧密相连的，大学作为文化的一部分，也是文化的象征。可以说，大学是文化发展到一定水平和阶段的产物，高校的文化教育不仅仅是通过文化培养和塑造人才的途径，而且也是大学生接受文化熏陶的主阵地。人才培养可以增强教育的吸引力和渗透力。由于文化培养直观、生动，具有很强的渗透力和持久的影响力，高等教育更容易融入文化，更容易引起共鸣。同时，文化中蕴含着丰富的教育内容。一般来说，文化是由符号、语言、价值观和道德规范组成的，因此对人的影响是全面的、广泛的、连续的。高校在进行文化教育过程中，其内容不仅包括科学知识和专业技能，还包括思想观念和道德规范、道德准则。高校要把文化教育与教学、管理、服务、环境结合起来，全方位体现在教育教学的全过程，牢固树立高校文化教育理念。

总之，高校要实现学生的自由全面发展，必须坚持对优秀文化人才的培养。高校文化育人就是要发挥中国特色社会主义文化育人功能，注重以文化人、以文育人，深入开展中华优秀传统文化、革命文化、社会主义先进文化教育，践行和弘扬社会主义核心价值观，传承红色基因，担当复兴重任，实施原创文化推广，优化校风学风，培育大学精神，建设优美环境，滋养师生心灵，涵育师生品行，引领社会风尚。因此，与文化素质教育理念相比，高校文化教育可以更广泛地作为一个平台，从而达到对各个领域人才进行培养的目的。

## （二）高校文化育人的时代意蕴

文化具有鲜明的时代特色，文化可以看作是群体成员对一定社会刺激所产生的类似反应。高校文化作为文化的一种，产生的育人效果势必具有时代性。高校是文化传播的重要阵地，校园文化就是一所大学的"名片"，反映着大学的历史和特性。[①] 高校文化育人必须顺应时代潮流。然而，无论处在哪个时代，都必须坚持大学精神的核心内涵，做到科学精神与人文精神兼具。

十九大报告指出："没有高度的文化自信，没有文化的繁荣兴盛，就没有中华民族伟大复兴。"高校不仅承担着培养学生、科研技术、社会服务、传承和创新文化及促进国际交流合作的职责，而且还承担着巩固社会主义国家发展马克思主义、巩固社会主义思想的重要职能。所以高校文化育人必须遵循思想政治教育规律和大学生成长规律，以文化价值渗透的方式，将先进文化的价值渗透到人的灵魂深处，使人内化于心，外化于行，从而实现文而化之的目的，促进人的全面发展。[②]

《中华人民共和国高等教育法》规定："高等教育的任务是培养具有社会责任感、创新精神和实践能力的高级专门人才，发展科学技术文化，促进社会主义现代化建设。"由此可见，我们党的教育方针的一条重要原则是教育与育人相结合。

① 马兰兰.高校文化育人初探［D］.杭州：浙江理工大学，2015.
② 李峰、王元彬.高校文化育人工作的机制与载体研究［J］.当代教育与文化,2014,（3）：73-77..

2004年《关于进一步加强大学生思想政治教育的意见》提出："校园文化具有重要的育人功能，要建设体现社会主义特点、时代特征和学校特色的校园文化，形成优良的校风、教风和学风。"明确了文化育人是开展新形势下大学生思想政治教育的主要任务和有效途径。2016年12月，在全国高校思想政治工作会议上，习近平总书记再次强调高校思想政治工作要紧密围绕培养什么样的人、如何培养人及为谁培养人这个根本问题，始终坚持把立德树人作为中心环节，牢牢抓住全面提高人才培养质量这个根本，努力通过教书育人、科研育人、实践育人、管理育人、服务育人、文化育人、组织育人，开创全员育人、全过程、全方位育人的新格局。这些新的论述和新的要求，充分表明了党和国家把文化育人提高到一个新的战略层面，凸显了文化教育在高校人才培养过程中的地位与作用。

关于如何推动高校文化育人，教育部2017年印发的《高校思想政治工作质量提升工程实施纲要》作出了明确指示：一是推进中华优秀传统文化教育，实施"中华经典诵读工程""中国传统节日振兴工程"，开展"礼敬中华优秀传统文化""戏曲进校园"等文化建设活动。二是挖掘革命文化的育人内涵，实施"革命文化教育资源库建设工程"，开展"传承红色基因、担当复兴重任"主题教育活动。三是开展社会主义先进文化教育，组织高校师生社会主义核心价值观主题教育活动，推广展示一批社会主义核心价值观教育典型案例，选树宣传一批践行社会主义核心价值观先进典型。四是大力繁荣校园文化，创新校园文化品牌，挖掘校史、校风、校训、校歌的教育作用，推进"一校一品"校园文化建设，广泛开展"我的中国梦"等主题教育活动，推选展示一批高校校园文化建设优秀成果。五是建设美丽校园，制作发布高校优秀人文景观、自然景观名录，推动实现校园山、水、园、林、路、馆建设达到使用、审美、教育功能的和谐统一。同时，按照《高校思想政治工作质量提升工程实施纲要》指示精神，未来高校开展文化育人，应该"注重以文化人、以文育人，深入开展中华优秀传统文化、革命文化、社会主义先进文化教育，推动中国特色社会主义文化繁荣兴盛，牢牢掌握高校意识形态工作领导权，践行和弘扬社会主义核心价值观，优化校风学风，繁荣校园文化，培育大学精神，建设优美环境，滋养师生心灵，涵育师生品行，引领社会风尚。"

习近平总书记指出："文化滋养心灵，文化涵育德行，文化引领时尚。加强高校思想政治工作，要注重文化浸润、感染、熏陶，既要重视显性教育，也要重视潜移默化的隐性教育，实现入芝兰之室久而自芳的效果。"这一重要论述，为新形势下高校更好地秉承文化育人新理念，探索思想政治工作新举措提出新的更高要求。总之，长期以来，我们党和国家坚持以中国传统文化为指导，坚持文化育人，教育富有文化自信的人，这是整个思想的立意，从而也是当代高等教育的重中之重，这样可以更好地引导和积极推动高校育人体系的构建，使之逐步得到发展和完善。

## 二、高校文化育人的理论基础

高校文化育人具有十分广泛的理论基础，主要包括马克思主义文化观、中华传统文化中的文化育人观及思想政治教育关于文化育人的理论等。

## （一）马克思主义文化观

马克思主义文化观是文化育人最坚实的理论基础。高校文化育人是马克思主义文化观在高校教育教学中的具体应用和现实体现。

首先，马克思主义文化观认为，文化是物质基础的反映，是经济基础之上的精神意识形态。[①] 文化是非物质性的，即精神性的。作为一种精神力量，文化的发展对人的精神发展有着深刻影响。文化的传承和发展会影响人们的精神世界，会对人们的传统习俗、生活习惯、社交方式、思维方式产生影响。文化作为一种精神力量，一旦被人们所掌握和运用，就会对人的精神世界产生重要影响。文化作为一种能够被传承和发扬的精神力量，不仅具有其独特的内在理论基础，而且在被人们掌握和运用后，又会进一步对人类的精神世界产生推动和变更。

其次，马克思主义进一步指出，劳动能力是人类解放文化的关键因素。马克思认为，人的解放主要包括劳动实践能力的解放及个性需求的解放等方面，但最重要的是体力和智力的全面解放。马克思认为，劳动者只有集体力劳动与智力劳动于一身，能够适应不同的劳动要求，才能实现全面的解放。而文化育人的根本宗旨正是人的自由全面发展。从这个意义上讲，马克思关于人的解放理论，是文化育人的重要理论依据。[②]

---

① 马克思恩格斯选集［M］. 第1卷. 北京：人民出版社，1995.
② 马克思恩格斯选集［M］. 第4卷. 北京：人民出版社，1995.

第三，灌输理论是马克思主义理论的重要内容。马克思最早提出了"灌输"的思想，他在《国际工人协会成立宣言》中提出，人数众多是工人阶级成功的一个因素，但只有对其进行组织和知识指导，"人数众多才能起决定胜负的作用。"[①]在这里他不仅强调工人需要组织起来，而且需要给予知识指导，即进行理论灌输。列宁最早对马克思的灌输思想进行了系统全面的阐述，并丰富发展成为灌输理论，实现了社会主义理论与工人运动的结合，在理论和实践结合的过程中唤醒工人阶级思想意识，提高其阶级觉悟。中国共产党历届中央领导人非常重视灌输理论的运用，无论是在革命战争年代，还是在和平建设时期，理论灌输在马克思主义中国化的过程中，在党的思想政治教育工作中，都发挥了重要作用。虽然几乎不用"灌输"这个词，多以"武装""引导""教化"等表述，但实际上所运用的都是灌输理论和灌输方法。

## （二）中华传统文化中的文化育人观

中华文化源远流长、灿烂辉煌。在五千多年文明发展中孕育的中华优秀传统文化，积淀着中华民族最深沉的精神追求，代表着中华民族独特的精神标识，是中华民族生生不息、发展壮大的丰厚滋养，是中国特色社会主义植根的文化沃土，是当代中国发展的突出优势，对延续和发展中华文明、促进人类文明进步，发挥着重要作用。

我国最早的关于文化育人的内容来源于《易经》，曰："文去化成天下"，文化的目的是培养和塑造人才，换言之，

① 刘沧山. 中外高校思想教育研究［M］. 北京：人民出版社，2008.

人类在创造文化的同时，也会受到文化的熏陶并被创造。文化教育就是通过文化来培养和塑造人。文化教育在大学生教育过程中，可以看作是一种教育过程的理解和接受。从语义上讲，"文化"是指人的气质和道德素质的培养，"教育"是其意义所在。因此，文化的核心或基本功能在于教育，它属于教育领域。与知识教育相比，文化教育更注重提高和培养文化整合的能力。中国儒家文化中丰富的文章和思想揭示了文化育人的命题，如儒家提倡"仁"字，要求人要有忠、智、勇、敬、善、信、敏、利等多种素质，涵盖了人的标准的方方面面，包括善良、诚实、守信、友爱、谦恭、勤奋、包容、进取与尊重等，是中华儿女核心价值传承的重要表现，体现了丰富的中国传统文化遗产的影响力。[①]

2017年，《关于实施中华优秀传统文化传承发展工程的意见》提出："围绕立德树人根本任务，遵循学生认知规律和教育教学规律，按照一体化、分学段、有序推进的原则，把中华优秀传统文化全方位融入思想道德教育、文化知识教育、艺术体育教育、社会实践教育各环节，贯穿于启蒙教育、基础教育、职业教育、高等教育、继续教育各领域。"明确了将中国传统文化纳入高校文化育人的重要内容。

## （三）思想政治教育理论中的育人思想

思想政治教育环境、思想政治教育载体、思想政治教育过程及规律、思想政治教育功能及目标等为本研究奠定了理论基础。相关理论指出：高校文化育人工作的开展少不了文

① 张哲，王永明.中华优秀传统文化的育人价值［J］.人民论坛，2018（08）：116-117.

化育人四大要素的参与，这四大要素包含教育者、大学生、文化载体、校园环境。教育者是高校文化育人的实施主体，大学生是高校文化育人的接受客体，文化载体是高校文化育人的育人媒介，校园环境是高校文化育人的育人环境。高校文化育人工作的开展必须依靠四大要素合力完成，缺一不可，四大要素贯穿文化育人工作的始终。四大要素互为条件、互为基础，共同构成相对稳定的要素整体。

当前，在我国实施文化强国战略的背景下，高校思想政治教育高度重视文化的育人力量。各级各类高校不断加大高校校园文化建设力度，积极发挥校园文化的育人功能，为中国特色社会主义事业发展培养高质量、复合型、创新型的人才。湖南中医药大学正是依托自身专业优势和学校丰富的中医药文化资源，运用共青团群体力量大、思想先进灵活的优势，不断创新形式，形成了文化育人工作新格局。尤其是最近几年，学校积极开展颇具特色的文化育人系列活动，育人效果十分显著。这些活动主要包括：开展"青春与信仰同行"红色教育活动，用形式多样、格调高雅的红色文化去熏陶、塑造学生，达到"春风化雨、润物细无声"的作用；开展新时代高校美育教育工程，努力构建"赏析、实践、熏陶、展示"四位一体的美育教育，达到以美育德、以美启智、以美健体、以美促劳的效果；开展"春诵、夏行、秋思、冬蕴"中医文化活动，营造校园浓厚的中医文化氛围，丰富学生思想政治教育内涵；举办国医节，围绕中医体验、美味鉴赏、学术讲座、趣味活动、社区宣传，打造集思想性、教育性和多样性为一体的专属中医院校的学生品牌活动；开展"爱国荣校·筑梦湖中大"校史教育活动，传承弘扬大学精神，培育医学生职业精神和人文素养；开展"大手牵小手"中医药文化进校园活动，让孩童从小了解中医，认识中医，学习中医。

总之，正是通过这些活动的开展，湖南中医药大学的每位学子均能畅游在中医药这个中华民族的伟大宝库中，并因此不断增强中医文化自信，坚定献身祖国医药卫生事业的理想信念，自觉担负起守护人类生命和健康的神圣使命，践行"健康所系，性命相托"的医者誓言。另一方面，学校也依靠文化育人不断提升教学质量，塑造和培养了一大批德才兼备的医学人才，为培养祖国医药卫生事业的合格建设者和可靠接班人作出了巨大贡献。

# 第二节　高校文化实践探索

革命博物馆、纪念馆、党史馆、烈士陵园等是党和国家红色基因库。要讲好党的故事、革命的故事、根据地的故事、英雄和烈士的故事，加强革命传统教育、爱国主义教育、青少年思想道德教育，把红色基因传承好，确保红色江山永不变色。

——习近平总书记在河南考察时的重要讲话（2019年9月16日）

## 案例一　循伟人足迹　做时代先锋
### ——"青春与信仰同行"红色文化教育实践活动

## 一、案例背景

红色文化教育是思想政治教育的组成部分之一，它以红色文化为重要载体，讴歌无产阶级革命者的爱国主义精神和献身精神，同时与时代精神紧密结合，鼓舞广大青年继承革命理想，传承红色基因，在新时代和平环境下继续保持革命者的优良传统，在社会主义建设的征程中不断开拓进取，奋勇前进。习近平总书记就继承和弘扬红色文化，发表了"把红色资源利用好、把红色传统发扬好、把红色基因传承好"的重要论述，并要求"把红色基因一代代传下去"。

高校担负着立德树人的根本任务，肩负着传承中华优秀传统文化、革命文化和弘扬社会主义先进文化的重要使命。湖南中医药大学延伸课堂教学，重视开辟红色文化教育的第二课堂，强化红色文化教育的社会实践活动，组织数万名青年学生参加"青春与信仰同行"红色文化教育活动，用红色文化的价值观、理想信念来教育学生，用形式多样、格调高雅的红色文化去熏陶、塑造学生，达到"春风化雨、润物细无声"的作用。

## 二、案例实施

湖南中医药大学党委（宣传）统战部、学生工作部（处）、校团委、马克思主义学院和人文与管理学院等部门精心组织筹划，协同开展了"循伟人足迹，做时代先锋"为主题的系列活动。活动与青年马克思主义者培养工程、学生素质教育、校园文化和社会实践相结合，用红色文化涵养青年，让红色基因融入青年血脉。

### （一）寻一处"红色足迹"，弘扬红色精神

湖南红色资源丰富鲜活、红色精神历久弥新、红色基因

底蕴深厚，学校将毛泽东与第一师范纪念馆、湖南省立第一师范学校旧址、雷锋纪念馆、湖南省党史纪念馆、杨开慧纪念馆等红色教育基地挂牌为学校德育实践基地，鼓励学生组织、学生社团、学生党支部和班级团支部赴德育实践基地开展活动。2019年，学校与宁夏医科大学签订合作协议，宁夏医科大学每年派出优秀学生骨干赴湘与湖南中医药大学优秀学生代表开展红色访学活动。活动以毛泽东主席在湖南生活、学习、工作的地点为主线，前往各红色教育基地走访老党员、老红军和抗战老兵，开展红色调研、红色采风、志愿服务等社会实践活动，探寻伟人足迹，接受红色洗礼。活动中，广大学生活跃在各活动现场，参与活动的学生人数逐年增加，营造了充满生机与活力的红色实践文化氛围。（图2-1）

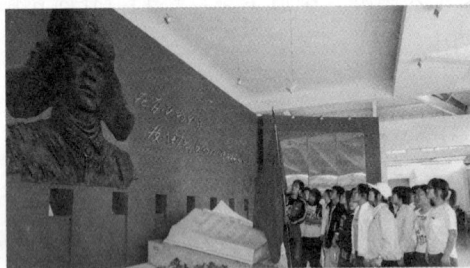

图2-1 学生在雷锋纪念馆参观学习

## （二）读一本"红色好书"，学习红色文化

结合"三湘读书月"活动，以"扎根中华热土，担当复兴使命"为主题，围绕红色书籍进行阅读和实践，举办"以书会友，以友系书"图书漂流活动和"好书推介交流会"比赛，倡导广大学生阅读一本红色经典，积极打造翰墨飘香、格调高雅、文明向上的书香校园。学生在提高自身素养的同

时，也深入学习了党在各个时期的历史和感人事迹，大力弘扬和培育以爱国主义为核心的民族精神。（图2-2）

图2-2 "三湘读书月"活动

### （三）讲一个"红色故事"，传承红色声音

举办"诵红色家书、育家国情怀"主题活动，师生们把"红色家书"或以朗诵，或以情景剧的方式，将革命者对亲情的眷恋、对儿女的叮咛、对牺牲的无畏、对共产主义事业的执着，在舞台上充分地展现出来。一封封感人肺腑的红色家书，一段段刻骨铭心的动人事迹，深深震撼着广大师生的心灵，师生们亲身感受了广大革命先烈们对理想信念的执着追求、对党绝对忠诚的赤子之心，以及舍生取义的崇高气节和报国为民的炙热情怀。

### （四）温一次"红色传承"，锻造红色品质

高校须主动承担红色文化传播的社会责任，因地制宜，开展好教育培训。湖南中医药大学团委每年组织团员干部赴全国青少年井冈山革命传统教育基地开展团干部培训班。4

天 3 晚的培训有现场教学、参观教学，也有仪式教学、专题教学，从茨坪革命旧址到革命烈士陵园，从大井朱毛旧居到小井红军医院、小井烈士墓，参训学员在重走长征路的体验式教学中走进井冈山革命历史，更加深入地去了解红军长征的光辉历程，更加深刻地感悟伟大的井冈山精神。（图 2-3）

图 2-3　在团中央井冈山全国团干部教育培训基地举办培训班

## （五）看一场"红色话剧"，追寻红色记忆

湖南中医药大学团委鼓励和支持学生以文学创作、艺术表演等方式表达自己对红色文化的理解和感悟，让学生在红色实践中成为红色基因的自觉传承者、弘扬者。大学生艺术团熠昇剧团创作编排了原创话剧《山河在》，多次面向师生公演。《山河在》的创作背景是 1937 年卢沟桥事变发生后，中华民族危在旦夕，社会各阶层爱国青年志士挺身而出。剧中主人公参加抗战救国，舍小家为大家，为保卫祖国奉献出自己的宝贵生命，体现了国难当头之时中国青年的责任与担当。《山河在》超越了课堂和文化活动，是一次体验式思想政治教育模式的探索。演出使学生融入红色文化产生的特定时代情境之中，将思想层面的真实自我与革命者的精神世界进行了

一次心灵对话，既让学生了解当时真实的社会历史事件，也使演员在话剧体验中走进历史，走近英雄，实现了真正的醍醐灌顶的思想政治教育。（图2-4）

图2-4　原创话剧《山河在》

## 三、工作成效

学校积极搭建红色文化教育实践平台，完善红色文化教育实践机制，让学生在红色实践中亲身感受，身体力行中接受教育，增强了学生对红色基因的情感认同和价值认同，对加强大学生思想政治教育有非常重要的意义和作用。

### （一）丰富了大学生思想政治教育内容

红色文化教育包含着中华民族在革命和建设各个历史时期舍生忘死的革命信仰和艰苦奋斗的精神，是学校开展思想政治教育工作的宝贵资源。系列活动以红色文化为载体，克服说教、灌输式思想政治教育弊端，以体验式、情景式等新型教学方式，开展丰富多彩的实践活动，打造富有吸引力和感染力而又不局限于教室的思想政治理论课堂，调动了学生学习的积极性和主动性，改进了思想政治教育工作方法。受此活动启迪，在清明节前夕，人文与管理学院号召所有教职工党员以"课前三分钟"的特殊形式，将清明祭英烈主题融入课堂教学中。马克思主义学院也将思想政治教育实践课堂从教室搬到了德育实践基地。

## （二）培育了大学生正确的人生观、价值观和世界观

在青年一代获取信息便捷化、多元化、立体化的背景下，只有让学生眼见为实、耳听为真地去观察社会、感悟历史，才能有效地加强大学生的"四个自信"。青年学生通过走出校园、走向社会，追随伟人足迹，参加红色文化教育实践活动，对当前社会发展有了更加直观的认识和体会，也能切身感受到青年大学生所肩负的历史使命。在参加活动后，很多团员青年主动向党组织提交了入党申请书，多个二级学院团委"暑期三下乡"活动走进了革命老区。

## 四、工作经验与思考

红色文化教育丰富和发展了党的思想政治教育理论，为高校加强思想政治建设提供了基本遵循和丰厚养分。"青春与信仰同行"红色文化教育活动是湖南中医药大学每一位大学生成长成才不可或缺的一课。

## （一）打造文化品牌

红色文化实践活动是加强红色基因教育的有效方法和重要途径。在现有活动的基础上，如果要更好地开展思想引领

工作，就一定要深入了解青年学生，一定要加强创新意识，注意活动的高度和深度，用青年学生喜欢的、愿意接受的方式去吸引学生参与活动，将活动办成学生喜闻乐见又具有文化内涵的思想政治教育工作品牌。

## （二）扩大宣传力度

在校内举办优秀成果感悟分享交流会和红色文化宣讲系列竞赛活动，成立"红色文化故事分享团"，以主题团日活动的形式走近身边同学，营造浓郁的红色校园文化氛围。也可以充分利用 QQ、微信、微博、易班等新媒体交流工具，更广泛地传播红色文化。

## （三）拓展德育阵地

要增加德育实践基地的数量，进一步加强与现有德育实践基地的联动和协作，开展实践教育方案的研讨，针对不同学生、不同班级设计不同的实践课堂，让基地更加主动和有针对性地融入学生德育教育活动中。将红色教育实践活动纳入学校团校课程体系，鼓励团员青年积极参加红色教育实践活动。

# 案例二　以美育人　以文化人
## ——新时代高校美育教育工程

## 一、案例背景

校园文艺活动是高校校园文化的有机组成部分。繁荣校园文艺活动是高校落实立德树人根本任务的重要途径，是开展高校美育教育，促进校风、学风和校园文化建设的重要且有效的举措。2016年12月，习近平总书记在全国高校思想政治工作会议上指出："要注重发挥共青团、学校社团、学生自治组织的作用，调动学生参与的积极性，开展形式多样、健康向上、格调高雅的校园文化活动。"由此可见，高校共青团组织在学校思想政治工作、美育教育、文化建设中肩负着重要的责任与使命。

湖南中医药大学各级团组织在学校党委的指导和大力支持下，坚持美育正确方向，深挖第二课堂美育内涵，以"贴近第一课堂、贴近价值导向、贴近学生成长"为理念，以"提升学生审美和人文素养"为目标，努力构建"赏析、实践、熏陶、展示"四位一体的美育教育工程，引导大学生认识美、感知美、欣赏美，培养大学生追求美、实践美、创造美，达到以美育德、以美启智、以美健体、以美促劳，最终实现大学生的全面发展。

## 二、案例实施

湖南中医药大学各级团组织积极开展校园文艺活动品牌建设，开展了丰富多样的群众艺术活动，吸引了广大青年学生积极参与，使艺术教育走向大众化、普及化，成为校园文化建设的一个新亮点。

### （一）以群团组织为保障，构建教育长效机制

作为中医药院校，学校大学生艺术团在无艺术类专业、无艺术特长生的情况下，承担着校园文化建设、实现艺术教育、传播校园文明和提升大学生艺术水平的重要角色。在校团委的指导下，湖南中医药大学大学生艺术团不断发展壮大，从只有几十人发展到如今拥有舞蹈队、合唱队、器乐队、主持人队、模特队、街舞队等 10 支队伍 400 余人的综合性文艺团体。为加强艺术团建设，校团委制定《大学生艺术团管理条例》，确保艺术团形成规范的排练机制，拥有高质量的作品储备，做到随时随地都能够"拿得出作品，登得上舞台"。针对中医药院校文艺基础相对薄弱的特点，校团委与学校青年教职工团总支形成联动，聘请学校有艺术相关专业学习背景

的老师担任艺术团指导老师，要求指导老师有教学计划、有教程安排。专业的老师进行专业的指导，使学校大学生艺术团在省市各类文艺类比赛中崭露头角，获省级以上奖励50余项，其中金奖10余项，栀韵合唱团连续三年在湖南省青年文化艺术节"夺金"。（图2-5、图2-6）

图 2-5　栀韵合唱团在首届两岸医学人文合唱节上获金奖

图 2-6　《无名花》获湖南省青年文化艺术节金奖

在社团建设上，校团委鼓励兼有艺术兴趣和艺术专长的学生组建社团，建设有NK街舞协会、犀照戏剧社、朝云书美协会等文艺类社团10余个。各社团立足学校文艺创新、校园文化建设，开展丰富多样的群众文艺活动，对有特定爱好的学生群体实现有效覆盖，引领学生的青年文化潮流。"吉他之夜""街舞专场""社团风采月""校园情歌对唱"等已成为社团品牌活动，吸引了众多有艺术爱好的大学生积极参与。

## （二）以大众艺术为基础，创新校园文化品牌活动

校团委加强校园文化载体与平台建设，结合新时代特点开展积极向上、参与性强、寓教于乐的校园文化活动。利用五四青年节、新生入学、元旦传统节日，举行了深受师生喜欢的"五月花海""青春起航""新年音乐会"三场大型晚会。鼓励各级团组织、学院和学生组织依托连续举办12年的校园文化艺术节，创新文艺活动形式，精心培育出"十佳歌手""主持人大赛""模特大赛""剧场之夜""舞动校园""新月湖草地音乐节"等一大批校园文化品牌活动。这些活动参与人数多，覆盖面广，营造了积极活跃、百花齐放的校园文化氛围。校团委还支持学生原创文艺精品项目，原创歌曲、诗歌、曲艺、自制网络新媒体作品等如雨后春笋般不断涌现。原创歌曲MV《你的样子》《我们》唱出了青春梦想，引发了在校学生的强烈共鸣，被多家媒体报道。（图2-7、图2-8）

图2-7 "五月的花海"五四颁奖典礼

图 2-8 "印象 2019·沁园雅韵"新年音乐会

## （三）以高雅艺术为导向，打造中医原创精品

校团委积极拓宽渠道开展"高雅艺术进校园"系列活动，邀请国家京剧院、中国美术馆、湖南省交响乐团、全国大学生艺术展演一等奖演出团队及全国艺术名家来校进行演出、开展讲座或进行文艺指导，让广大师生足不出校就能欣赏到精彩演出，提高了艺术修养和文化品位。校团委还组织和支持师生多层次、多领域创作编排彰显中医药传统文化特色的高品质艺术作品。如表现中医人以忠心守初心、以生命践使命，逆行而上，为抗击新冠肺炎疫情奉献中医智慧的原创朗诵《战》，获得湖南省大学生艺术展演一等奖、全国第六届大学生艺术展演一等奖；将中医传统保健与街舞舞种进行嫁接艺术化的新编街舞《五禽戏》，获得湖南省青年文化艺术节银奖、湖南省大学生艺术展演二等奖；利用中医名方编创原创舞蹈《四君子汤》，获得湖南省青年文化艺术节银奖。（图2-9、图 2-10）

图 2-9　原创朗诵《战》获全国第六届大学生艺术展演一等奖

图 2-10　高雅艺术进校园

## （四）以文化交流为途径，深化美育工作内涵

学校青年教师参与主创、学生承担表演的原创话剧《山河在》受邀在湖南芙蓉国剧场公演，护理学院团委的原创话剧《圣女之歌》受邀在全国高校护理工作交流会上展演，并参加学校高等护理教育 30 年纪念活动演出。学校连续 10 年承办国台办海峡两岸大学生湖湘中医文化交流研习营活动，连续 8 年承办教育部对港交流项目"万人计划"——湘港大学生文化周活动，构筑了学生践行美育、传播美育的多彩舞台。2017 年起，学校以五禽戏、八段锦、马王堆导引术、太

极武术等为主体的传统养生功法系列演出被纳入全球孔子学院巡演项目，先后在北欧、非洲、亚洲等 10 余个国家展现了中医传统文化魅力，促进中医药对外交流合作、互利共赢，不断提升湖南中医药的国际影响力。（图 2-11、图 2-12）

图 2-11　传统养生功法全球巡演

图 2-12　原创话剧《圣女之歌》

## 三、工作成效

繁荣校园文艺活动是促进校园文化建设，实现以文化人、以文育人的有力抓手。湖南中医药大学从学校办学定位出发，依托中医药文化特色，坚持正确的艺术导向，立足高雅艺术，扎根群众艺术，开展学校美育工作，建设了一批稳定的学生校园文化活动场地，培养了一批热爱艺术表演的学生队伍，打造了一批深受师生喜欢的校园文艺活动品牌，营造了向真、向善、向美、向上的校园文化氛围，构建了第一课堂和第二课堂相互结合、普及教育与专业教育相互促进、文化知识教育和社会实践教育相互融通的新时代高校美育体系。

## 四、工作经验与思考

2020 年 10 月，中共中央办公厅、国务院办公厅下发的《关于全面加强和改进新时代学校美育工作的意见》强调，把美育纳入各级各类学校人才培养全过程，贯穿学校教育各学段。推动新时代高校美育工作新发展，是高校"双一流"建设的基本内容，是落实立德树人根本任务的内在要求，是培养德智体美劳全面发展的社会主义建设者和接班人的重要途径。高校作为立德树人、培根铸魂的重要阵地，落实好新时代美育工作的新要求义不容辞。

一是要建立"大美育"工作机制。积极构建由宣传、共青团、教务、艺术教育等相关部门和院系参与的协同工作体系，提高美育工作的资源配置和管理效率，着力营造全校都关心支持美育工作发展的良好局面，逐步形成有制度保障、有经费投入、有成效评价、有督导检查的长效机制。

二是要注重品牌塑造。校园文化要想形成品牌，绝不是一两次活动就能够成功的，而是要经过长期的探索、实践和创新，不断更新理念，不断传承下去。面对新时代"90后"和"00后"的大学生开展美育工作，就必须要重视文化底蕴和人文积淀，要注重实际调研，掌握第一手资料，从活动形式、活动内容上进行改变。同时，根据学校中心工作和人才培养目标，传承品牌文化活动的新内涵。

三是营造健康校园文化。校园文化蕴含着丰富的美育功能，要充分利用和发掘校园文化的美育功能，不断拓宽美育边界，深化美育内涵，保障美育效果，坚持以美感人、以景育人，让学生在春风化雨、耳濡目染中接受美的熏陶和感召。

**习语**

加强高校思想政治工作，要注重文化浸润、感染、熏陶，既要重视显性教育，也要重视潜移默化的隐性教育，实现"入芝兰之室久而自芳"的效果。

——习近平总书记在全国高校思想政治工作会议上的讲话（2016年12月7日至8日）

## 案例三　春诵　夏行　秋思　冬蕴
### ——中医学院团委中医文化特色活动

## 一、案例背景

中医药作为中华文化最具代表性的组成部分及重要载体之一，渗透了丰富的哲学思想和人文精神，体现了中华民族特有的思维方式和价值观念。中医药高等院校作为传承中医药文化的重要阵地，承担着传承、弘扬中医药文化，培养医学生中医药文化自信，把中医药事业发扬光大的重大使命。[①]湖南中医药大学中医学院团委依托学科特色，发挥学科优势，充分挖掘中医文化资源，面向师生开展第二课堂——中医文化特色活动。活动通过"春诵、夏行、秋思、冬蕴"四季中医主题活动，营造浓厚的中医文化氛围，构建中医特色文化活动体系，丰富了学生思想政治教育内涵，促进了中医人才培养。（图2–13）

图2–13　中医文化特色活动获学校共青团工作创新奖

## 二、案例实施

### （一）春诵——吟诵

中医经典是中医临床经验的结晶，是中医学独特思维方法的学术精华之所在，是中医学的源头活水，学好经典是中医学子能够成为良医的必经之路。中医学院在每年春季学期

① 任艳，赵俊涛，田丹.中医药院校特色校园文化建设的实践与思考［J］.贵阳中医学院学报，2017，39（5）：75-77.

的 4 月至 5 月，结合"读经典、学经典、用经典"为主题的中医经典月活动，开展"晨读晨练"。晨读，就是中医经典晨读。中医经典协会制作晨读教材《经典诵读手册》，节选《黄帝内经》《伤寒论》《金匮要略》《温病学》《药性赋》，全院学生人手一册，每天在教室自觉诵读。晨练，就是学生分班级在学院传统保健队的指导下练习马王堆导引术，开展传统保健比赛，进行活动成果展示，评选优秀集体和优秀个人。同时，学院开设中医经典名家讲坛，让名老中医来诵读、讲授经典。活动的开展，促使中医学专业学生诵读经典变被动为主动，变刻板记忆为灵活运用，对中医经典理论的掌握和中医学术的传承起到了积极的促进作用。（图 2-14）

图 2-14 晨练马王堆导引术

## （二）夏行——行动

"夏行"活动从每年 5 月持续到 8 月，旨在通过活动让学生走出寝室、走出校园、走向社会，在实践中感受新时代新变化，在服务基层、服务社会中坚定信念、磨砺自我。在充分调研的基础上，中医学院精心组建大学生社会实践团队，立足专业，结合学生能力开展系列特色鲜明、形式多样、内容丰富的实践活动，如组织学生在特色专科医院开展为期5～7 天的跟师学习；通过"三下乡""四进社区"让学生到农村去、到社区去，开展助医、助学、助残、扶老、帮困。

活动探索总结了实践育人的新机制，提高了学生社会适应能力和运用知识解决实际问题的能力，增强了服务基层的责任感和使命感，在提高临床实践技能的同时也展现了中医人才良好的精神风貌和专业素养。

### （三）秋思——思考

在每年秋季学期的 10 月至 11 月，中医学院集中组织开展大学生创新创业项目训练和"创青春""挑战杯""互联网+"学术科技竞赛，遴选和培育参赛项目，并为项目配备导师，全程指导打磨作品，营造了良好的学术氛围，调动了学生尽早参与科学研究、技术开发等创新活动的积极性。举行中医经典知识竞赛、中医诊断学知识竞赛、方剂学知识竞赛、中医基础理论微课大赛等系列中医特色竞赛活动，学生在活动中充分发挥自主学习能力，积极学习中医药基础理论知识，提高了中医临床思辨能力，综合素质和专业能力得到了明显提升。（图 2-15）

图 2-15　中医特色竞赛活动

### （四）冬蕴——总结

活动从每年 11 月中旬持续到第二年 1 月中旬，包含有"快乐改变命运"主题讲座、"我成长我快乐"主题分享、"我写我心"放飞心灵活动，以及"完善自我，塑造健全人格"

团体辅导。学院为同学们搭建学习交流的平台，学生们认真梳理总结一年来的活动收获、成长收获，明确近期努力方向，规划自己的大学生活。"我的大学生活"演讲比赛就是让青年学生来谈理想谈奋斗，谈信仰谈目标，谈学习谈规划。总结活动调整了学生的心理状态，提高了学生的文化素养，促进了学生综合素质的提高。

## 三、工作成效

中医学院中医文化特色活动的开展，让学生在活动中认识中医、理解中医、运用中医，对帮助学生巩固和拓展中医药基础理论知识、提高综合素质能力方面发挥了重要的导向作用。

### （一）项目有良好的育人效果

中医文化特色活动顺应季节变化，从基础的朗诵到切实的行动，到回归的思考，再到冷静的总结，坚持用中医文化涵养价值观，积极引导师生做社会主义核心价值观的坚定信仰者、积极传播者、模范践行者，不断增强师生中医药文化自信，激发精气神，汇聚正能量，为落实立德树人根本任务、培养高素质人才提供文化支撑。活动凸显中医药文化特色在项目的应用，让学生亲身感受中医药传统文化的魅力，全面理解和掌握中医学的思想和精髓，建立中医思维，增强专业认同，在提高自身专业素养的同时，也进一步坚定了投身中医药事业建设的责任感和使命感。

## （二）项目有较好的传播效果

"春诵、夏行、秋思、冬蕴"四季中医主题活动，围绕中医药文化精髓，以开展丰富多彩、形式多样的中医文化特色活动为载体，树立中医药文化理念，营造有利于中医药人才培养的中医药文化氛围，构建有中医药特色的校园文化活动体系，促进中医人才的全面发展。本项目在学校中医学专业认证时被教育部专家充分认可，活动也多次在全国中医药高等学校思想政治年会上交流分享，并被中国教育新闻网、中国文明网、湖南教育网、红网等主流媒体报道与转载。

# 四、工作经验与思考

第二课堂是相对于课堂教学而言，不局限于教材，却扩展了教材，不仅内容丰富多彩、生动活泼，而且学习的空间范围也非常广阔，被认为是课堂之外的第二大育人载体。作为中医药院校，如何依托中医特色文化资源开展第二课堂，营造中医文化氛围，构建特色文化活动体系，促进中医人才培养，是我们接下来需要思考的问题。

一是突出中医特色优势。中医文化是中医药院校校园文化建设的灵魂、宗旨和主要任务，如水之源、木之根。活动必须始终坚持以弘扬中医药文化为核心，在活动中不断凸显中医药特色，让中医药薪火传人在这种浓郁的文化氛围中受到熏陶，不断培养中医文化的认同感。[1]

① 江媛.发挥第二课堂作用促进中医人才培养——以陕西中医药大学构建特色校园文化活动体系为例 [J].赤子，2016，（1）：72.

二是调动学生内驱动力。加大活动调研和分析，根据学生的需求不断完善活动的设计和组织，充分利用第二课堂对学生进行更为广泛的专业教育，真正让学生学有所思，学有所获。

三是借助学科资源优势，让项目从开展向深入开展，从活动向精品活动纵向提升，不断丰富活动内涵，创新活动形式，培育出更多的实践成果。

> **习语**
>
> 要注重发挥共青团、学校社团、学生自治组织的作用，调动学生参与的积极性，开展形式多样、健康向上、格调高雅的校园文化活动。
>
> ——习近平总书记在全国高校思想政治工作会议上的讲话（2016 年 12 月 7 日）

## 案例四　弘扬国医精神　传承杏林文化
### ——大学生社团联合会国医节

## 一、案例背景

中医药的发展历经千年传承至今，为人类健康作出了贡献。但中医的发展并非"一帆风顺"，其被质疑乃至废弃的呼声在近代历史上时有出现。1929 年，国民政府召开第一届中央卫生委员会议，通过了西医提出的"废止中医案"，并规定了6项消灭中医的具体办法。同年3月17日，全国中医药业纷纷罢工停业，要求政府立即取消议案。社会公众舆论也纷纷支持中医界，提出了"取缔中医药就是致病民于死命""反对卫生部取缔中医的决议案"等声援口号。在全国大范围的支援下，议案最终未被采纳。为了纪念这次抗争的伟大胜利，医学界人士将每年的3月17日定为"中国国医节"。2006年，张功耀发表了系列文章，从所谓科学哲学的角度对中医理论提出质疑，并由此引发了全国医疗界对中医科学性的又一次大讨论。

为纪念中医界前辈与"废止中医"逆流所进行的英勇抗争，更警醒中医人"以史为鉴"，珍惜当下来之不易的"黄金发展期"，特别是引导广大青年学生树立对中医的正确认识，共青团湖南中医药大学委员会指导大学生社团联合会，自2009年3月17日启动国医节活动（图2-16），迄今已连续举办十二届。活动围绕中医体验、美味鉴赏、学术讲座、趣味活动、社区宣传五个篇章，打造了全面丰富的系列活动，已成为一个集思想性、教育性和多样性为一体的专属中医药院校的学生品牌活动。

**图2-16　国医节活动**

第二篇 以文化品牌涵木浸润时代新人

## 二、案例实施

学校高度重视和大力支持国医节系列活动，单列国医节活动经费，多部门联合组织，校级领导亲自出席。湖南中医药大学团委成立国医节组委会，由分管校领导亲自担任国医节工作领导小组组长，校团委书记任国医节组委会主任，确保各项工作顺利进行。

### （一）协同筹备，保障到位

为了办好国医节，党委宣传（统战）部、学生工作部（处）、教务处和校团委联合制定详细的活动分工表和活动时间进度表，通过多次专题会议，讨论国医节整体方案和重点工作部署，探讨多项创新性举措和活动设计。国医节活动多，涉及安全保卫、后勤服务、水电供应、设备提供等保障工作，组委会召开后勤保障协调会，每个活动、每个细节逐项逐个进行对接，确保重点活动全力保障，其他活动重点关注。自2019年3月起，教务处将国医节的品牌活动——"名医名师大讲堂"纳入学分系统，学生可按照0.2学分/次计算，学完10次认定修读完成，计2学分。

### （二）内容丰富，形式多样

大学生社团联合会作为活动具体执行者，协同各学生组织广泛发动，设计创新活动的形式和内容。

**1. 中医展示与体验** 学生在校区举行针灸技法展示，开展推拿、火罐、艾灸体验活动，举办中药展、国医大师图片展，为国医节系列活动做好前期宣传，拉开活动序幕。

**2. 美味鉴赏** 学生社团联合会组织潇湘医学社、拾味美食协会等大学生社团举行药膳食疗大比拼。参赛团队选取医学古方，加入现代元素，开发古典药膳与现代口味融为一体的药膳，参赛选手运用PPT对创意十足的药膳，从选材、做法和功效进行详细讲解，评委从色、香、味、创新、药效等方面对选手们所研发的药膳进行综合考评。活动同时开设了现场成果展示，欢迎学生现场品尝，每年一大波颜高味美的滋补药膳为国医节增添了美味和趣味。

**3. 学术讲座** 湖湘名医大讲堂系列活动邀请了校内外国医大师、国家级名老专家、国家级教学名师等知名专家精彩开讲，围绕中医经典、中医自信、中医传承等话题，与学生面对面展开讨论，充分发挥名医名师的影响力和感染力，让同学们在崇敬的氛围中学习大师精神。

**4. 趣味活动** 千人齐诵《大医精诚》、原创中药诗歌比赛，还有医药学术类社团备受期盼的年度擂台赛——四大经典背诵比武、中医基础知识理论抢答赛，新颖的赛制、丰富的奖励，吸引了学生竞相参加。（图2-17）

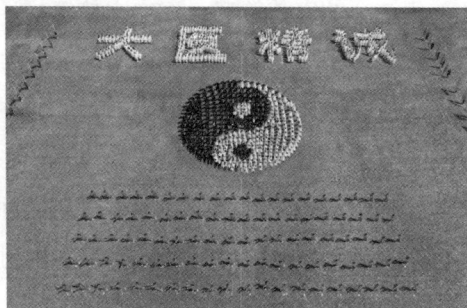

图2-17 千人齐诵《大医精诚》活动

## （三）校区联动，服务基层

学生志愿者走进社区、走近居民，联合社区开展真假优劣药材鉴别、义诊和艾灸推拿体验、中药驱蚊香包和防疫香包制作、中医养生茶饮品鉴等中医特色活动，不断扩大活动宣传和服务范围，引导居民关注中医，认同中医，使国医节理念深入民心。（图 2-18）

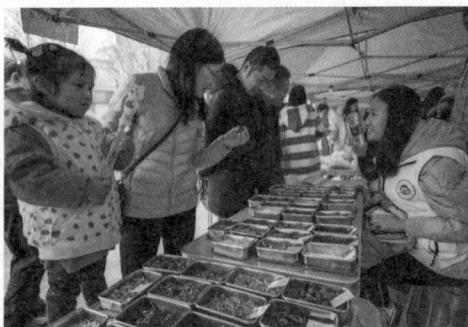

图 2-18　真假优劣药材鉴别活动

## （四）注重宣传，营造氛围

为了做好全方位的宣传工作，组委会坚持"线上与线下、校内与校外"相结合的宣传策略，建立立体多样、融合发展的现代传播体系。一是通过校团委官方微信公众号、微博等新媒体平台发布活动通知，进行宣传报道；同时在学校宣传栏、橱窗、校内电子显示屏进行活动跟踪报道。二是积极对接校内外媒体。湖南日报、红网、湖南教育新闻网、三湘都市报等多家媒体，以及校网、街道社区官网多次对国医节系列活动进行了报道，社会反响好。

# 三、工作成效

## （一）提升了中医药文化自信

学校各级领导、专家、老师、学生通过多种形式参与国医节系列活动，活动的成功举办得到了师生、学校周边居民的一致认可。校内外媒体的多次报道，向社会传递了中医人"磨砺以须，及锋而试"的进取意志，号召全社会关注中医，认真贯彻落实《中华人民共和国中医药法》，在"一带一路"发展战略背景下，更好地弘扬中医药事业，让中医药文化成为传播中华文化的名片，为全人类的健康事业作出更大的贡献。

## （二）营造了良好中医药文化氛围

学生们在特定的专业文化氛围中参加活动，容易受到群体意识的熏陶和影响，从而在社会化过程中形成与群体一致的文化意识和文化品格。国医节活动在校园内营造浓厚的中医药文化氛围，给更多非中医学专业的学生一个极佳的接触中医、感受中医、了解中医的机会。目前，学校15个中医药类学生社团吸收了300余名非医非药专业的学生会员，每年的国医节活动都会吸引一批来自巴基斯坦、印尼等多个国家的青年留学生参加。国医节活动打造了中医药文化的品牌，营造了有利于中医药人才培养的中医药文化软环境。

## （三）提高了学校的美誉度

学生家长通过校内外报道了解国医节，充分认可学校的教育理念；学校合作单位、捐赠单位和广大校友也通过各种形式对国医节有了更深的感受；周边社区通过参与国医节，更加全面认识中医，认可中医。国医节也一直得到省内各大媒体的广泛关注，纷纷宣传学校立足服务区域经济、服务健康湖南所做出的努力，大大提高了学校的美誉度。

## 四、工作经验与思考

中医药是中华传统文化的瑰宝，为中华民族的健康作出重要贡献。新中国成立后，党和国家非常重视中医药的传承与发展，特别是近年来中医药条例法规相继出台，中医药事业发展迎来了大好的时机。因中医药文化独特的魅力，中医药成了"一带一路"中华文化传播交流的名片之一。作为中医药院校，理应通过各种活动促使中医药文化传播真正深入人心。

一是活动开展要凸显专业特色。大学生在校期间，专业课的学习是最重要的。在开展各类活动时，应把第一课堂和第二课堂紧密结合起来，使校园文化活动成为第一课堂的有效延伸，这样有助于青年学生活跃思维能力、开阔眼界、提升综合素质。

二是学校应做好全方位、立体化的宣传。提早做好宣传策划，充分借助线上线下的互动，校内外媒体的持续关注，积极开展中医药文化宣传和知识普及活动，提升国医节活动的传播力和影响力，让中医学子充分认识自己肩负的责任，更好地弘扬中医药学术。

三是作为中医药院校要以国医节为契机，深入社区开展一批群众性中医药文化活动，不断推出中医药文化精品，不断提升活动的品质，不断扩大活动的覆盖面，让中医药文化内涵更好地融入群众生产生活，推动全社会形成保护、传播、弘扬中医药的良好局面，全力推动中医药事业的发展。

習语

我们说要坚定中国特色社会主义道路自信、理论自信、制度自信，说到底是要坚定文化自信。文化自信是更基本、更深沉、更持久的力量。

——习近平总书记在哲学社会科学工作座谈会上的讲话（2016年5月17日）

## 案例五 爱国荣校 校兴我荣
### ——"爱国荣校·筑梦湖中大"校史教育活动

## 一、案例背景

《关于加强和改进新形势下高校思想政治工作的意见》提出，要"强化校训校歌校史育人功能"。《新时代爱国主义教育实施纲要》强调"广泛开展文明校园创建，强化校训校歌校史的爱国主义教育功能，组织开展丰富多彩的校园文化活动。"校史是高校发展的真实记录，集中体现着学校的独特文化与精神传承，是校园文化建设的重要组成部分。除了存史与资政的功能之外，育人也是校史教育的重要职能，是实现"寓道于无形、润物细无声"的重要载体。近年来，湖南中医药大学积极开展"爱国荣校·筑梦湖中大"校史教育活动，进行了诸多实践探索，积累了鲜活的实践经验。（图2-19）

图2-19 校史教育活动

## 二、主要做法和实施过程

湖南中医药大学组织人员编撰了《校史40年》《校史50年》，并于2020年10月在充分挖掘整理、不断丰富完善校史资料的基础上重建校史馆。校史馆建筑面积约700㎡，分为序厅、学脉渊源、振兴发展、争创一流、校友风采五个部分，运用翔实的史料和图片，浓缩了学校80多年的发展历史、学校的办学规律，展示了学校在不同历史时期为湖湘中医药文化传承、高等中医药教育事业发展所作出的贡献和主要成果，为弘扬中华优秀传统文化和精神底蕴提供了直观的展示平台。

## （一）纳入新生入学教育

入学教育是大学生树立人生远大理想、开启职业生涯规划的重要一课，入学教育也是增强青年学生对其就读大学认同感和归属感的启蒙课。[①] 在每年的新生入学之际，湖南中医药大学学生工作部（处）、共青团将参观校史馆作为新生入学教育的关键课，邀请学生讲解队或老专家、退休老职工为新生讲解。图文及实物辅以声情并茂的讲解，使新生在短时间内直观地了解学校的发展历程，为中医学子立志献身医学、发展中医药事业奠定思想基础。

## （二）开展常态化体验式学习

围绕学校"本科教育60周年"纪念大会等重大活动，面向广大校友、兄弟院校同仁开展校史参观。结合"不忘初心、牢记使命"主题教育，把校史馆参观学习作为"主题党团日"重要内容。同时，把校史馆参观学习作为入党积极分子学习培训重要内容之一，作为团校学员的一堂必修思想政治教育课。校史馆已举办师生党员、入党积极分子培训活动100余次，5000余名师生、校友参观校史馆，4000余名新生接受了专题教育。

## （三）校史素材融入课堂教学

校史馆展陈大纲为学校开展课程育人提供了丰富、生动的教学素材。医史文献教研室把"国医专科学校历史"的内

以文化品牌涵木浸润时代新人 第二篇

---

① 叶福林.以校史教育加强学生职业精神塑造［J］.上海党史与党建，2017，（7）：49-51.

容运用到专业课教学中，如：时任国医专科学校校长刘岳仑、副校长吴汉仙，为抵制国民政府"废除中医"致函力辩、游行请愿；成长于民族危难之时、国医废止之间的悬壶济世之才任应秋、谭日强……一个个校友的感人故事让学生感同身受地去理解中医发展之艰难。校史文化育人素材在学校20多门课程中得到运用，不仅让课程思政鲜活起来，听起来没有说教感，还推动了一些社团会员主动创作以校史为主题的文化艺术产品，形成良性互动态势。

### （四）紧密结合大学生日常生活

党委宣传部组织编写校史馆讲解稿，选拔优秀学生组建宣讲团，担任校史馆志愿讲解员，推动校史学习宣传入班级、入支部；通过"杏林讲坛"举办"名医名家"等主题访谈活动，让校史人物更具贴近性、鲜活性。举办校史征文大赛、校史知识竞赛等活动。策划指导学生社团推出"我的湖中大"主题摄影展、主题书画作品展等系列展示学校办学历史、文化特色的活动；指导学校大学生艺术团开展校史文艺创作，使校史学习宣传教育与社团活动紧密融合，与大学生日常生活紧密融合。以学校建设发展脉络为主线，大学生艺术团原创的常德丝弦《我赞湖中大》连续五次在新生晚会、新年音乐会演出，让校史文化活起来、动起来、实起来。

## 三、工作成效

### （一）启动职业精神教育

通过加强校史的教育、宣传和巡展，可以培育医学生职业精神和人文素养。校史馆参观、杏林讲坛学习,让青年医学生领略医学殿堂的自豪与荣耀,为青年学生树立献身医学的崇高理想奠定了思想基础。

## (二)建立健全教育联动机制

通过 VR 技术,实现网上校史馆场景在虚拟和现实之间自由转换,让学生有更多样化的参观方式,大大拓宽了校史文化传播的范围和途径,增强了参观者的直观感受,摆脱了传统的文字加图片的乏味形式,拓展了校史文化融入课程、实践、网络、环境和生活的深度,进一步推进了"制度育人"与"文化育人"、"教师德育"与"教师育德"、"校史文化"与"思政课程"、"线下教育"与"线上教育"协同联动。

## (三)建立多方参与机制

校史教育活动建立了宣传统战部牵头抓总,学生工作部(处)、教务处、校团委、档案馆等多个部门共同参与的协同联动机制。各部门始终秉承"动态"法则,把静止的档案资料变成动态的故事,把"档案记录"变成"思政素材库"。同时,学校继续广泛征集教师、校友在校期间的笔记、仪器设备、教材教辅等实物档案,走访采集挖掘书籍、证书、教具背后的人物故事,录制走访视频,整理口述历史并加以求证,广泛宣传湖南中医药大学文明求实的工作作风。

## 四、工作经验与思考

校史馆潜藏着大学的教育理念、价值观念和道德取向,观众参观校史馆是从空间和时间上对校史文化的再体验和再经历，校史文化在这个过程中对观众的价值观进行着潜移默化的导向、塑造和教育。

## （一）传承弘扬大学精神

湖南中医药大学文化精神铸成湖南中医药大学之魂，培养出一代又一代湖南中医药大学学子，促进了学校的健康持续发展。我们要继续做好"爱国荣校·筑梦湖中大"校史教育活动的内容设计、平台搭建，注重文学、影视、书画、歌曲、舞蹈等校史文化作品的研究、开发和创作，让活动成为全校师生认可的精神文化品牌，使湖南中医药大学精神代代薪火相传。

## （二）持续推进校史研究

我们要加强校史编修工作，对学校各阶段的校史，尤其是新中国成立前的办学历史进行充分挖掘与深入研究。利用报纸、网络等媒介，向校友及家属、社会人士征集相关历史实物、文字和影像资料。组织名医名师和校友采访组，有针对性地采集名老专家和知名校友的口述资料，征集实物文献，及时将口述资料分专题整理出版。各个院（系）也要启动学院史和学科史的资料采集与研究工作，建立完善各学院历史图片库、文字资料库、名师校友库等。

## （三）设置校史教育课程

校史中包含着丰富而生动的校本课程资源，学校可从中精心筛选资料，编写校史读本，开设校史课程，将校史教育纳入教育教学计划，邀请学校领导、老教师和知名校友、思想政治理论课教师就某个专题进行讲座。同时根据需要，制成录音、录像、光盘、德育课件等音像资料，收集校友的感人事迹、言论，汇编成册，作为对学生进行教育的生动素材。

> 习语

中医药学凝聚着深邃的哲学智慧和中华民族几千年的健康养生理念及其实践经验，是中国古代科学的瑰宝，也是打开中华文明宝库的钥匙。深入研究和科学总结中医药学对丰富世界医学事业、推进生命科学研究具有积极意义。

——习近平在澳大利亚墨尔本出席皇家墨尔本理工大学中医孔子学院授牌仪式上的讲话（2010年6月20日）

## 案例六　中医药教育从娃娃抓起
### ——"大手牵小手"中医药文化进校园活动

### 一、案例背景

民族文化传承的根基和希望在孩子，推动中医药文化进校园，既有培育人才的现实意义，更有弘扬中华文化的历史意义。《中医药发展战略规划纲要（2016—2030年）》提出："推动中医药进校园、进社区、进乡村、进家庭，将中医药基础知识纳入中小学传统文化、生理卫生课程。"

湖南中医药大学和诺贝尔摇篮教育集团一直共同致力于少年儿童中医药文化教育，于 2018 年签订"大手牵小手"战略合作协议，围绕中医药文化进校园、进课堂，普及推广中医药故事、中医药知识、中医保健方法，让孩子们从小了解中医、认识中医、学习中医，将浓浓的"中医情"植入每个孩子幼小的心灵。

## 二、案例实施

面向少年儿童开展中医药文化体验活动，既是高校校园文化建设的特色内容，也是高校开展社会服务和文化传承与创新的重要载体。湖南中医药大学采取"请进来"研学、"走出去"送学的方式，积极开展中医药文化进校园活动。

### （一）请进来——研学

湖南中医药大学中医药文化资源非常丰富，有中药标本馆、人体生命科学馆、药植园和校史馆，共展出中成药样品、中药浸制标本、中药饮片标本、中药蜡叶标本、人体解剖标本及医学史、校史的标本、图片等 30000 多种（件），药植园占地面积 28 亩，栽种有 386 种药材，中药标本馆是国家中医药管理局中医药文化宣传教育基地和国家级中小学科普教育基地。学校通过互动课堂、互动体验和互动健身，让少年儿童走进大学校园，零距离接触中医药文化，切身领略中医药文化的无穷魅力。（图 2-20）

图 2-20　中医教育研学活动

**1. 互动课堂**　志愿者在标本馆、药植园开设集趣味性、知识性、实用性于一体的室外课堂，围绕中医药文化中的生命观、健康观、养生观，开设"故事里的中医药""生活里的中医药""成语里的中医药""新时代里的中医药"系列微课，运用符合小学生认知特点的语言和孩子们聊中医、聊中药。如：观看种子萌芽、开花、结果的 3D 影像，了解万物的起源和生命的发展；学习动物药功效时，结合疫情和野生动物的关系，教育孩子们"保护野生动物从我做起"。

**2. 互动体验**　在志愿者的带领下，孩子们参观中药标本馆、人体生命科学馆、药植园和校史馆，开展"中医药香囊知识及体验制作""艾灸及艾条体验制作""树叶书签制作"等中医药动手体验活动相结合的中医小课程。

**3. 互动健身**　组织孩子们观看和学习蕴含中医"和"之思想、天人合一的整体观、阴阳平和的健康观的八段锦、太极拳、五禽戏、马王堆导引术，引导孩子们从小养成具有传统文化底色的健康生活习惯。

## （二）走出去——送学

湖南中医药大学组织师生走出大学，走进诺贝尔幼儿园和小学开展系列活动。

**1. 中医健康小课堂** 以湖南中医药大学教授主编的中医药知识启蒙系列绘本《我不要生病》为教材，在幼儿园开展中医健康小课堂，将深奥的中医药知识经过活泼的文字表述和多彩画面的共同呈现，深入浅出地向孩子们传递着中医药是多么的有趣和实用。孩子们在故事中学习和体会培养日常健康生活习惯的重要性，以及互相帮助、孝敬长辈、做事持之以恒、诚实勇敢等良好品德。

**2. 中医儿童剧场** 在诺贝尔摇篮小学建立"小神鹊"中医儿童剧场，以中医启蒙绘本《我不要生病》为剧本，编排了《我不要着凉》《我不要上火》《我不要犯困》《我不要咳嗽》《我不要积食》中医健康话剧，由师生共同演绎，定期向幼儿园小朋友进行展演。（图2-21）

**图2-21 "小神雀"中医剧场**

**3. 儿童健康驿站** 针对0～12岁儿童，建立儿童健康档案，进行中医体质辨识，并对家长提供专业健康指导，对儿童进行推拿调理。目前，活动已建立儿童健康档案2800份，开展儿童推拿调理人数超过40000人次。

**4. 家长健康讲堂** 以"我的健康我做主"为主题，邀请湖南中医药大学青年讲师团专家教授，围绕儿童免疫力、儿童体质、儿童饮食、儿童心理、亲子关系、儿童情绪等社会关切的问题，持续推出系列讲座，从中医的视角为家长们答疑释惑、传授方法。第一期"中医说免疫力""中医说儿童健康""中医说穴位宝典""中医说传统文化"等18期主题讲座采用线上课堂，超过200万学生家长和社会人士在线收看，好评如潮。

## 三、工作成效

"大手牵小手"中医药文化进校园活动是"中医教育从娃娃抓起"的湖南实践，湖南中医药大学和诺贝尔教育集团的合作，是高等教育和学前教育的战略合作，也是中医药传承发展的一次有益尝试，为中医的发展提供更广泛的受众基础，为弘扬中华民族传统文化、提升少年儿童的健康素养作出积极贡献。湖南中医药大学在与诺贝尔教育集团合作的成功经验上，持续推进中医药文化进校园活动。（图2-22）

**图 2-22　成立少年儿童中医教育研究院**

## （一）合作全面化

与长沙市政府签订战略合作协议，加大中医药文化进校园的双向合作，争取让中医药文化融入长沙各级学校的办学理念，成为各个学校的办学特质，真正让中医药文化在长沙市的各个校园生根开花。目前，湖南中医药大学在30所幼儿园、10所小学开展中医健康小课堂和儿童健康调理，有助于增强少年儿童的文化自信、民族自信，还有助于少年儿童提升健康素养，养成健康的行为方式和生活习惯，提升个人综合素质和能力。

## （二）教材系统化

开发了系列面向中小学、幼儿园的中医药文化教材，学校专家以执行主编身份编写了"中宣部中华优秀传统文化传承发展工程"支持项目《全国中小学中医药文化知识读本》中小学教材；主编了全国首套中医药文化进校园课外读物《读故事知中医中学生读本》，出版发行了《我不要生病》中医药知识启蒙系列绘本。

## （三）教学多样化

中医药文化进校园活动已形成线上和线下相结合，理论课和实践课相结合，校内学习和校外研学相结合的课程体系。无论是研学活动，还是中医健康小课堂、中医儿童剧场，都有互动式、体验式教学，多样化的教学激发了孩子们学习中医药的兴趣。

## 四、思考

大学承担着文化传承的重要责任，大学的科教资源应该向社会开放，更好地传播大学之道和大学精神，从而引领社会进一步形成崇尚知识、崇尚文化的潮流。少年儿童中医教育是提升少年儿童中医药文化水平，激发少年儿童中医药文化兴趣的关键基础和重要途径，是弘扬中华民族传统文化的重要举措。作为高等中医药院校，湖南中医药大学理应主动承担主体责任，在中医药文化进校园的事业中发挥更大作用。

一是要根据不同阶段学生的特点和接受程度，设计恰当的中医药文化进校园模式。比如，学龄前儿童以兴趣吸引为主；小学阶段以接触体验为主，提高学生动手能力；中学阶段以探索思考为主，开阔自身视野，提升道德修养。[1]

二是加强教材建设工作。有针对性地开发多种类型的活动课程，建设一批中医药文化优质线上资源、教材资源，还可以设计研学手册，结合实物和资料让少年儿童一边参观，一边围绕手册探究中医药文化之路。

三是要继续加强与区市政府的沟通联系，协同推进共同体建设，特别是推动校地合作、校校合作，加快中医药大学附属中小学建设步伐，持续开展校园中医药文化阵地建设，持续推进中医药文化进校园深入实施。

---

[1] 靳晓燕，刘江伟，刘博超.大中小学校长倡议中医药文化进校园［N］.光明日报，2017-2-15（4）.

## 第三篇

# 以实践项目滋水锤炼时代新人

中医学认为，水性阴柔，滋养万物。高校思想政治工作要突出实践体验的教化功能，以社会主义核心价值观滋养青年。本篇对实践育人进行了理论研究和实践探索，6个案例展现了高校「集中化实践＋常态化服务」志愿模式为青年学生搭建服务平台、拓展服务领域、提升服务能力，坚定青年学生与人民同呼吸共命运的立场和全心全意为人民服务的使命，彰显了青年学生上善若水的青春责任与担当。

# 第一节　高校实践育人理论研究

高校实践育人是高校思想政治工作的重要组成部分和有效途径。作为社会实践在高校人才培养工作中的具体运用，高校实践育人是与课程育人、科研育人、管理育人、服务育人、文化育人、组织育人、心理育人、资助育人、网络育人等相互协调发展的一种育人模式。坚持高校实践育人是新形势下全面贯彻落实党的教育方针的必然要求，对于深化高校教育教学改革、提高人才培养质量具有重要意义。

## 一、高校实践育人的科学内涵与时代意蕴

### （一）高校实践育人的科学内涵

**1. 实践育人的含义**　首先，从理论层面看，实践育人的核心是"实践"。众所周知，实践是人类生存和发展的最基本的活动。在中国古代哲学中，实践被称为"践行""实行"或"行"，与"知"相对应。与中国古代哲学强调道德层面上的实践相似，西方古代哲学中的实践概念也主要是指道德层面上的活动。譬如：亚里士多德认为："实践就是幸福，仁义和

执礼的人所以能够实现善德，主要就在于他们的行为。"①康德基于二元论和不可知论，以自己独特的方式第一次系统阐释实践问题，指出实践的起点是"实践理性"，实践理性是不受人们对现象世界的认识所制约的。黑格尔从唯心主义的立场出发，把实践理解为主观改造客观对象的创造性的精神活动；费尔巴哈反对把实践理解为纯粹的理性活动的唯心主义思想，把实践与物质性的活动联系起来，提出"理论所不能解决的那些疑难，实践会给你解决的"。②遗憾的是，费尔巴哈和黑格尔都没有科学地理解人类实践的真正本质，没有看到实践在人类认识和整个社会生活中的决定意义。马克思创造性地提出了实践的本质，科学地回答了实践和认识的辩证统一关系，认为：实践是人类能动地改造世界的社会性的物质活动，具有直接现实性、自觉能动性和社会历史性。③同时马克思指出：全部社会生活在本质上是实践的。实践对认识具有决定作用：实践是认识的来源，实践是认识发展的动力，实践是认识的目的，实践是检验认识真理性的唯一标准。④

其次，实践育人中的"育人"，指的是培养人、塑造人、改造人。究其内涵，主要包括为谁育人、育什么样的人、通过什么途径育人等。中国古代哲学即坚持知行合一、注重品德践履的重要育人思想，如孔子提出：学而时习之，不亦说乎？司马光认为：学者贵于行之，而不贵于知之；陆游提出：纸上得来终觉浅，绝知此事要躬行；王阳明强调：要知，更要行，知中有行，行中有知，但"知"最后要落实到实践中。

① 吕长勋，卜朝晖．政治学［M］．延边：延边出版社，1999．
② 李少军．理想论对一个马克思主义哲学范畴的研究［M］．北京：中央编译出版社，2000．
③ 马克思恩格斯全集［M］．第 23 卷．北京：人民出版社，1985．
④ 赵家祥．马克思主义哲学原理自学辅导［M］．北京：经济科学出版社，1999．

所有这些观点均凸显了实践育人的基本思想。在西方的教育实践中，关于实践育人的研究成果也颇为丰厚。其中，西方早期推崇道德教育实践对人的促进作用的有路易斯·拉斯的"价值澄清理论"和柯尔伯格的"两难讨论法"等，二者均提出要依托实践达到教育的目的。

马克思主义科学实践观认为，人的实践活动是以改造客观世界为目的的客观过程，是实践的主体与客体之间的相互作用。[①] 因此，实践不仅要突出客观性，还要强调互动性，体现在实践育人中就是要突出学生的主体地位。由此我们认为：实践育人作为一种育人方式，是指以实践为途径，通过实践活动使人在改造客观世界的同时改造主观世界，进而提高人的认识水平，满足人们在生产、社会交往、精神生活当中的需求，最终实现人的全面发展。实践育人是课堂教育教学的延伸，具有课堂教学不可替代的作用，是培养学生成长成才的重要载体。正确引导学生参与实践活动是一种非常重要的教育形式，它能够使课堂教学得到有效补充，学校思想政治教育得以延伸。

**2. 高校实践育人的含义**　所谓高校实践育人，顾名思义，是指以高校为主导，大学生为主体，实践活动为载体的新型育人方式。[②] 具体而言，高校实践育人是指高校在深化教育改革过程中，有目的、有计划、有组织地引导大学生参与课内外、校内外的实践活动，包括生产劳动、科学实验、教学实习、军事训练、勤工助学、义务支教、志愿服务、创新创业、

① 马克思恩格斯选集［M］.第1卷.北京：人民出版社，1995.
② 蒙柳.实践育人理念下大学生思想政治教育创新研究［J］.学校党建与思想教育，2016，（20）：21-23.

挂职锻炼、生存训练等。通过引导青年学生走与实践相结合的正确成长道路，促使学生走向社会、参与社会、服务社会，不断提高大学生的思想道德素质、科学文化素质和身心健康素质，培养创新合作精神和实践能力的新型育人模式。[①]

《高校思想政治工作质量提升工程实施纲要》指出，实践育人是在党委统筹部署下，政府推动和社会广泛参与，并由高校着力实施的。由此可见，高校实践育人是一个由政府、高校、企业、社会共同参与的系统工程，这项工程一般具有三个构成要素，即主体要素、客体要素和中介要素。其中，高校育人的主体要素既包括实施主体，又包括参与主体。实施主体是高校，高校是实践育人过程中的组织者、设计者和领导者；参与主体是大学生，大学生是实践育人过程中的参与者、创造者和具体实施者。二者是相互联系、相互影响、相互尊重且又相互独立的平等主体，均具有主观能动性、自主性和创造性。高校实践育人的客体即高校实践育人活动所指向的对象，即"培养什么样的人"。作为一种人才培养的理念，一种提高人才培养质量、促进人才全面发展的途径和方式，高校实践育人的根本目标就是要培养具有强烈社会责任感、创新精神和实践能力的人才，培养能担当民族复兴大任的中国特色社会主义可靠接班人和合格建设者。高校实践育人的中介要素是指实践育人的主要途径和方式方法、实践育人的基本模式、实践育人的主要机制等，具体指向"怎样培养人"。

根据2012年出台的《教育部等部门关于进一步加强高

① 杨贤金. 高校实践育人的探索与创新 [M]. 北京：中国书籍出版社，2015.

校实践育人工作的若干意见》规定，高校实践育人主要包括实践教学、军事训练、社会实践活动等形式。根据这一规定，同时结合当前高校开展实践育人的主要形式，我们认为，高校实践育人主要分为教学训练类实践、思想养成类实践、志愿服务类实践、创新创业类实践和职业体验类实践等五种基本类型，具有实践性、社会性、协同性和开放性等基本特征。

总之，高校实践育人就是要通过积极引导和大力支持广大青年学生参与社会实践，使之在实践中感受国家和民族的巨大变化和辉煌成就，以及取得这些成就背后的艰辛和曲折，从而坚定道路自信、理论自信、制度自信、文化自信，并清醒地认识到自己肩负的历史使命和责任担当，在此基础上锻造优秀品格、激发青春活力，最终引领广大青年学生健康成长、自觉成才。

## （二）高校实践育人的时代意蕴

当前，中国特色社会主义进入新时代，对深化人才培养模式的改革提出新要求，随着高等教育改革的全面深化，高校从原来的外延式发展全面转向内涵式发展，教育理念发生深刻转变，教育理论不断创新，无论是党和国家、社会还是学术界，都对高校实践育人给予了前所未有的重视。党的十九大报告明确提出全国人民"要更加自觉地投身改革创新时代潮流""要以培养担当民族复兴大任的时代新人为着眼点，强化教育引导、实践养成、制度保障，发挥社会主义核心价值观的引领作用，转化为人们的情感认同和行为习惯。"在此之前，党和国家制定和颁布了一系列关于实践育人的文件，有效引导和促进了高校实践育人体系的发展和完善，同时也充分表明了党和国家把实践育人提高到一个新的战略层面，凸显了实践教育在高校人才培养过程中的地位与作用。

《中华人民共和国高等教育法》规定："高等教育必须贯彻国家的教育方针，为社会主义现代化建设服务，与生产劳动相结合，使受教育者成为德、智、体等方面全面发展的社会主义事业的建设者和接班人。"由此可见，我们党的教育方针的一条重要原则是坚持把教育与生产劳动和社会实践相结合。2004年，中央16号文件《关于进一步加强和改进大学生思想政治教育的意见》提出："社会实践是大学生思想政治教育的重要环节，对于促进大学生了解社会、了解国情，增长才干，奉献社会，锻炼毅力，培养品格，增强社会责任感，具有不可替代的作用。"明确了实践育人是开展新形势下大学生思想政治教育的有效途径。之后出台的《国家中长期教育改革和发展规划纲要（2010—2020年）》指出："高等教育承担着培养高级专门人才、发展科学技术文化、促进社会主义现代化建设的重大任务。提高质量是高等教育发展的核心任务，是建设高等教育强国的基本要求，要把提高学生的创新精神和实践能力作为我国高等教育发展的战略重点之一。"①2012年，为全面落实《国家中长期教育改革和发展规划纲要（2010—2020年）》，教育部、中宣部等七部委又联合发布了《关于进一步加强高校实践育人工作的若干意见》（教思政〔2012〕1号），明确指出："进一步加强高校实践育人工作，是全面落实党的教育方针，把社会主义核心价值体系贯穿于国民教育全过程，深入实施素质教育，大力提高高等教

---

① 国家中长期教育改革和发展规划纲要（2010-2020年）[M].北京：人民出版社，2010.

育质量的必然要求。进一步加强高校实践育人工作，对于不断增强学生服务国家服务人民的社会责任感、勇于探索的创新精神、善于解决问题的实践能力，具有不可替代的重要作用；对于坚定学生在中国共产党领导下，走中国特色社会主义道路，为实现中华民族伟大复兴而奋斗，自觉成为中国特色社会主义合格建设者和可靠接班人，具有极其重要的意义；对于深化教育教学改革，提高人才培养质量，服务于加快转变经济发展方式、建设创新型国家和人力资源强国，具有重要而深远的意义。"之后，《志愿服务记录办法》《中国注册志愿者管理办法》《关于组织开展万名大学生质量安全志愿服务活动的通知》《关于全面深化课程改革落实立德树人根本任务的意见》相继出台，对进一步加强新形势下高校实践育人工作进行了重要部署。2013 年，党的十八届三中全会通过的《中共中央关于全面深化改革若干重大问题的决定》，明确要求"全面贯彻党的教育方针，坚持立德树人，加强社会主义核心价值体系教育，完善中华优秀传统文化教育，形成爱学习、爱劳动、爱祖国活动的有效形式和长效机制，增强学生社会责任感、创新精神、实践能力"。2016 年 12 月，在全国高校思想政治工作会议上，习近平总书记再次强调高校思想政治工作要紧密围绕培养什么样的人、如何培养人及为谁培养人这个根本问题，始终坚持把立德树人作为中心环节，牢牢抓住全面提高人才培养质量这个根本，努力通过教书育人、科研育人、实践育人、管理育人、服务育人、文化育人、组织育人，开创全员育人、全过程、全方位育人的新格局。这些新的论述和新的要求，充分表明了党和国家把实践育人提高到一个新的战略层面，凸显了实践教育在高校人才培养过程中的地位与作用。2017 年，中共中央、国务院印发《关于加强和改进新形势下高校思想政治工作的意见》，进一步明确提出"要强化社会实践育人，提高实践教学比重，组织师生参加社会实践活动，完善科教融合、校企联合等协同育人模式，加强实践教学基地建设，建立健全国家机关、企事业单位、社会团体接收大学生实习实训制度，开设创新创业教育专门课程，增强军事训练实效，建立健全学雷锋志愿服务制度。"

关于如何推动高校实践育人，教育部 2017 年印发的《高校思想政治工作质量提升工程实施纲要》作出了明确指示：一是要整合实践资源，拓展实践平台，依托高新技术开发区、大学科技园、城市社区、农村乡镇、工矿企业、爱国主义教育场所等，建立多种形式的社会实践、创业实习基地。二是要丰富实践内容，创新实践形式，广泛开展社会调查、生产劳动、社会公益、志愿服务、科技发明、勤工助学等社会实践活动，深入开展好大学生暑期"三下乡""西部计划"等传统经典项目，组织实施好"牢记时代使命，书写人生华章""百万师生追寻习近平成长足迹""百万师生重走复兴之路""百万师生'一带一路'社会实践专项行动"等新时代社会实践精品项目，探索开展师生志愿服务评价认证。三是要深入推进实践教学改革，分类制订实践教学标准，适度增加实践教学比重。四是要加强创新创业教育，开发专门课程，健全课程体系，实施"大学生创新创业训练计划"，支持学生成立创新创业类社团。五是要完善支持机制，推动专业课实践教学、社会实践活动、创新创业教育、志愿服务、军事训练等载体有机融合，形成实践育人统筹推进工作格局，构建

"党委统筹部署、政府扎实推动、社会广泛参与、高校着力实施"的实践育人协同体系，培育建设一批实践育人与创新创业示范基地。同时，按照《高校思想政治工作质量提升工程实施纲要》指示精神，未来高校开展实践育人，应该"坚持理论教育与实践养成相结合，整合各类实践资源，强化项目管理，丰富实践内容，创新实践形式，拓展实践平台，完善支持机制，教育引导师生在亲身参与中增强实践能力、树立家国情怀。"

## 二、高校实践育人的理论基础

高校实践育人是一项系统工程，拥有非常坚实的理论基础。首先，马克思主义实践观是实践育人理念最根本的理论基础，高校实践育人是马克思主义实践观在高校教育教学中的具体应用和体现。其次，高校实践育人也得益于中国传统文化的濡润和滋养，是对我国传统文化"知行观"的继承和发展。同时，以此为基础构建的高校实践育人体系得到了党和国家的高度重视和积极推动，形成了中国马克思主义实践育人观。此外，教育学、心理学、管理学、社会学等基础理论都对在实践中培养人才的价值和意义作了不同的诠释，它们共同构成高校实践育人模式的基础理论。

### （一）马克思主义实践观

实践的观点是马克思主义首要的基本的观点，这一基本观点体现在马克思主义全部思想内容之中。高校实践育人是马克思主义实践观在高校教育教学中的具体应用和现实体现。

首先，马克思主义实践观认为，实践是人特有的存在方式，是作为主体的人能动地改造客观世界的活动。实践的基本结构由主体、客体和中介三个基本要素构成。实践形式多种多样，从内容上看，实践大体可分为物质生产实践、社会政治实践和科学文化实践三种基本类型。这些实践活动不仅可以为社会的发展提供物质前提，同时可以改造实践主体的思维，优化主体的认知。也就是说，人在改造客观世界的同时也在不断丰富自己的主观世界，发展自己的本质特征，使人之为人永远处于一种创造、提升、发展的状态。因此，实践主体在从事实践活动为社会创造财富的过程中也会不断优化和完善自己。恩格斯在《劳动在从猿到人转变过程中的作用》中也详细论述了物质生产实践与育人的关系。恩格斯认为，在从猿到人的转变中，起决定作用的就是劳动。

当前，随着社会的快速发展，人类实践出现了许多新的变化，呈现出许多新的发展特点，实践活动的范围越来越广，内容也越来越丰富。教育包括主体、客体、中介等基本要素，这与马克思主义认识论中实践的主体、客体和手段一一对应。高校实践育人正是将实践主体和客体联系起来，引导大学生通过教学实习、科研实验、社会实践、志愿服务和军事训练等社会实践不断认识自己、锻炼自己、完善自己，最终实现知行统一、全面发展。另一方面，大学生又通过实践不断完善人类、丰富人类思想。二者相互影响、相互促进、共同发展。

其次，马克思把科学的实践观引入认识论，认为认识的本质是实践基础上主体对客体的能动的反映，全部认识活动都是在实践的基础上进行的。同时，马克思主义实践观认为，实践对认识具有决定作用，实践是认识的来源，实践是认识发展的动力，实践是认识的目的，实践是检验认识真理性的唯一标准。马克思主义实践观强调了理论与实践相结合的重要性和必要性，以及实践在人的发展过程中的重要作用。[①] 马克思指出："生产劳动和智育的早期结合是改造现代社会的最强有力的手段之一""生产劳动同智育和体育相结合，它不仅是提高社会生产的一种方法，而且是造就全面发展人的唯一方法"。马克思还分析："虽然工厂儿童上课的时间要比正规的日校学生少一半，但学到的东西一样多，而且往往更多。"因此，《共产党宣言》旗帜鲜明地提出："把教育跟物质生产结合起来。"列宁也曾经说过："无论是脱离生产劳动的教育和教学，或者没有同时进行教学和教育的生产劳动，都不能达到现代技术水平和产学知识的现状所要求的高度。"[②] 由此可见，马克思主义实践观为高校实践育人提供了哲学依据，为实践育人思想的实际运用奠定了坚实的理论基础。基于马克思主义科学的实践观，构建高校实践育人模式，引导人们形成正确的思想认识，就必须深刻领会、准确把握并灵活运用马克思主义实践观的精髓，把实践育人作为思想政治教育的基本途径，在教育教学中注重社会实践，在实践中教育人、提升人、培养人。

### （二）中国传统文化"知行观"

"知行观"属于中国古代哲学的范畴，其所探讨的知行问题的本质即认识和实践的关系问题。"知行观"作为中国古

① 谭希培.马克思主义基本原理概论［M］.长沙：中南大学出版社，2012.
② 列宁教育文选［M］.北京：人民教育出版社，1979.

代哲学的核心命题，其主要观点包括：行先于知，由行致知；知之明也，因知进行；以行验知，以行证知；知行并进，相资为用。

先秦时期，随着理论思维水平的不断提升，我国思想界呈现出一片繁荣的"百家争鸣"景象，极大地促进了文化的繁荣和哲学思想的发展。此时的哲学家们开始重视认识问题，他们从不同的角度探讨认识的来源、认识的过程和求知方法等一系列问题，在此基础上强调通过学习获取知识。其中，孔子兼重学与思、知与行，强调"学而知之"，同时也不否认存在"生而知之"。关于正确的学习方法，孔子曰："学而时习之，不亦说乎？"孟子提出："学问之道无他，求其放心而已矣。心之官则思，思则得之。"墨子则曰："是非利害之辨，不可得而明知。故言必有三表。"并以"三表"作为判断言论是非的标准。老子否定感性经验，提出"致虚极，守静笃"的认识方法。荀子在深入研究认识的来源和方法的基础上，对先秦哲学的认识论进行了总结，他既注重感性认识又肯定思维的能动作用，荀子曰："凡以知，人之性也；可以知，物之理也。"同时，荀子还主张只有通过实践才能深刻理解所学知识。孟子曰："闻之不见，虽博必缪；见之而不知，虽识必妄；知之而不行，虽敦必困。"

继先秦之后，宋明时期是我国传统文化发展的又一个巅峰时期，理学是此时占主导地位的哲学思想体系。相比于传统儒学，理学更具思辨性。思想家们不仅积极讨论物质世界的本体，知行关系也是宋明理学研究的一项重要内容。他们以个人为主体，围绕知行的先后、分合、轻重、难易展开讨论。其中，二程（程颢和程颐）以"格物致知"作为他们认识论的命题，曰："天理云者，这一个道理，更有甚穷已？不为尧存，不为桀亡。人得之者，故大行不加，穷居不损。这上头来更怎生说得存亡加减。是他元无少欠，百理具备。"①由于他们把天理作为人们认识的对象，认为人们的一切实践活动都以天理为目标，因此，作为实践的"格物"便成了通向天理的手段，作为认识结果的"知"就成为认识的目的。由此必然导致"致知"甚于"格物"。于是，"知"便先于"行"。朱熹也主张知先行后、行轻知重和知行互发，他认为："致知、力行，用功不可偏""知与行须是齐头做，方能互相发。"此外，朱熹还主张"问渠那得清如许，为有源头活水来"，认为只有通过不断学习新知识才能达到新境界。与理学派认为天理是一种外在性的存在不同的是，心学派认为天理是一种内在性的存在，它先天地存在于人的意识之中。譬如，陆九渊说："仁义者，人之本心也。"所以，在认识论上，陆九渊主张发明本心，认为人的一切追求天理的行为就是主体的意识活动。他说："有所蒙蔽，有所移夺，有所陷溺，则此心为之不灵，此理为之不明，是谓不得其正。其见乃邪见，其说乃邪说。一溺于此，不由讲学，无自而复。故心当论邪正，不可无也。"心学派的集大成者王阳明在知行问题上，明确地提出"知行合一"的哲学命题。他说："知之真切笃实处，即是行；行之明觉精察处，即是知，知行功夫本不可离。只为后世学者分作两截用功，失却知行本体，固有合一并进之说；若行而不能精觉明察，便是冥行，便是'学而不思则殆'，所以必须说个知；知而不能真切笃实，便是妄想，便是

---

① 张智涛.论我国宋明时期的知行观［J］.湖北第二师范学院学报，2017，34（1）：37-41.

'思而不学则殆'，所以必须说个行。原来只是一个功夫。"①

需要说明的是，中国传统文化的"知行观"有科学合理的一面，但受限于当时的社会条件，又不可避免具有历史局限性。坚持高校实践育人既要吸收其合理性，又要摒弃其局限性，唯有此，才能实现实践育人的良性有序发展并发挥真正的育人效应。

### （三）中国马克思主义实践育人观

中国共产党作为马克思主义的忠实继承者，历来高度重视实践和实践育人工作。其中，党的历代领导人都在充分汲取中国传统文化"知行观"的哲学智慧基础上，紧密结合我国经济社会发展和高等教育及人才培养实际，继承和发展了马克思主义实践观，在实践中形成了中国马克思主义实践育人观，积极推动了我国高校实践育人理论和实践的深入发展。

毛泽东同志一再强调实践的重要性。在《实践论》中，毛泽东同志对实践与认识的基本运动过程进行了深刻阐述，他指出："实践，认识，再实践，再认识，这种形式，循环往复以至无穷。而实践和认识之每一循环的内容，都比较地进到了高一级的程度。"② 同时，毛泽东同志强调："人的正确思想是从哪里来的？是从天上掉下来的吗？不是。是自己头脑里固有的吗？不是。人的正确思想，只能从社会实践中来，只能从社会的生产斗争、阶级斗争和科学实验这三项实践中来。"②邓小平同志提出了"实践是检验真理的唯一标准"的著名论断，并一贯主张教育必须与生产劳动相结合。1978 年，

① 张智涛.论我国宋明时期的知行观［J］.湖北第二师范学院学报，2017，34（1）：37-41.
② 毛泽东文集，第 8 卷［M］.北京：人民出版社，1999.

邓小平同志在全国教育会议上就提出："为了培养社会主义建设需要的合格的人才，我们必须认真研究在新的条件下，如何更好地贯彻教育与生产劳动相结合的方针。"①江泽民同志也高度重视青年学生的实践活动。1998年，江泽民同志在北京大学百年校庆大会的讲话中寄语广大青年学子："希望你们坚持学习书本知识与投身社会实践的统一。要健康成长，不仅要学习书本知识，而且要向社会实践学习，自觉地投身于火热的改革开放和现代化建设实践。"胡锦涛同志在清华大学建校百年大会讲话中也勉励广大学子："科学理论以及创新思维都产生于广泛实践中，又必须服务于实践，希望同学们把创新思维与社会实践紧密结合起来。"

习近平总书记尤为重视高校实践育人工作，他多次在不同时间不同场合强调实践对青年学生成长成才的作用。实践是提高本领的途径。早在2013年，习近平总书记在五四青年节讲话中强调："要坚持学以致用，深入基层、深入群众，在改革开放和社会主义现代化建设的大熔炉中，在社会的大学校里，掌握真才实学，增益其所不能。"在中央党校建校80周年庆祝大会暨2013年春季学期开学典礼的讲话中，习近平总书记又强调指出："我们的学习应该是全面的、系统的、富有探索精神的。既要向书本学习，也要向实践学习；既要向人民群众学习，向专家学者学习，也要向国外有益经验学习。有理论知识的学习，也有实践知识的学习。"②2014年5月4日，习近平总书记在北京大学师生座谈会上指出："道不可

---

① 中央文献研究室.邓小平论教育［M］.北京：人民教育出版社，1995.
② 习近平在中央党校建校80周年庆祝大会暨2013年春季学期开学典礼上的讲话［N］.人民日报，2014-03-03.

第三篇
以实践项目滋水锤炼时代新人

143

坐论，德不能空谈。于实处用力，从知行合一上下功夫，核心价值观才能内化为人们的精神追求，外化为人们的自觉行动。"习近平总书记多次强调："空谈误国、实干兴邦。这个道理，我们要牢记在心。"所谓这个道理，就是要坚持认识与实践的统一。习近平总书记在党史学习教育动员大会上再次强调要坚持理论和实践相结合，他指出："要感悟马克思主义的真理力量和实践力量……坚持不懈用党的创新理论最新成果武装头脑、指导实践、推动工作。""要做到学史明理、学史增信、学史崇德、学史力行，学党史、悟思想、办实事、开新局，以昂扬姿态奋力开启全面建设社会主义现代化国家新征程，以优异成绩迎接建党一百周年。"①

近年来，国内各高校积极开展丰富多彩的实践育人活动，取得了丰硕的育人成果。湖南中医药大学依托自身专业优势和学校丰富的中医药文化资源，积极开展实践育人工作。学校运用共青团群体力量大、思想先进灵活的优势，不断丰富实践内容，创新实践形式与载体，改善实践育人工作模式，形成了实践育人统筹建设工作新格局。尤其是最近几年，学校积极开展了一系列颇具特色的实践育人活动，育人效果十分显著。这些活动主要包括：开展大学生暑期"三下乡"社会实践活动，通过整合校内外优势资源，让青年学子到基层去，助力精准扶贫，在服务基层、服务社会中坚定信念、磨炼自我、增长本领，提高综合素质；开展"1+1+1"校地合作实践育人共同体建设项目，与街道团委资源共享，弘扬中医药文化，传播中医药知识，建立中医药文化科普宣传长效

① 牛艺虹.党的十八大以来习近平高校思想政治教育思想研究［D］.南京：南京师范大学，2018.

机制，构建和谐社区、和谐校园，促使学生在实践中知行结合、德才并进；开展"中医药文化继承者"关爱留守儿童成长项目，积极探索关爱留守儿童志愿服务新方向，将中医药健康知识带入课堂，融入支教，推动"中医药文化进农村进课堂"，帮助学生形成关心社会、关心他人的意识，增强学生社会责任感和历史使命感；开展"优儿帮"互联网＋儿童健康公益服务项目，针对儿童及家长开展"中医、营养、心理、安全"儿童四维成长管理教育和服务，传递健康新理念，助力健康中国建设；开展"健康ｅ小屋"青年志愿服务项目，利用专业特点和优势，参与社区高血压慢性病防治，开展学与思并行志愿服务活动，弘扬青春正能量，践行社会主义核心价值观；开展"烙印天使"志愿服务项目，汇聚社会善心，聚集社会力量，传递爱心，关爱烧烫伤儿童心理问题和功能康复问题，构建和谐医患关系。

通过开展这些丰富多彩的实践活动，一方面，广大中医药青年学子在活动营造的"懂中医、信中医、用中医"的良好氛围中获得了大量丰富可靠的社会实践经验，从而增强了中医药文化自信，坚定了建设健康中国的理想信念。另一方面，学校也依靠实践育人提升了教育教学质量，为经济社会发展培养了一大批理想信念坚定、道德情操高尚、理论功底扎实、实践应用能力强的创新型中医药人才。

# 第二节　高校实践育人实践探索

> 志愿服务是社会文明进步的重要标志，是广大志愿者奉献爱心的重要渠道。要为志愿服务搭建更多平台，更好发挥志愿服务在社会治理中的积极作用。志愿者是为社会做出贡献的前行者、引领者。志愿者事业要同"两个一百年"奋斗目标、同建设社会主义现代化国家同行。
>
> ——习近平总书记在天津和平区新兴街朝阳里社区考察时的讲话（2019 年 1 月 17 日）

## 案例一　小我融大我　青春献祖国
### ——大学生暑期"三下乡"社会实践活动

### 一、案例背景

大学生暑期"三下乡"是各高校在暑期开展的一项旨在提高大学生综合素质的社会实践活动，是当代青年大学生运用知识、施展才华、磨炼意志、实践成才的大课堂，是深受人民群众和青年学生欢迎的品牌志愿服务活动。二十世纪八十年代初，团中央首次号召全国大学生在暑期开展"三下乡"社会实践活动。1996 年 12 月，中央宣传部、国家科委、农业部、文化部等十部委联合下发《关于开展文化科技卫生"三下乡"活动的通知》。1997 年，"三下乡"活动在全国正式开展。

　　湖南中医药大学整合校内外优势资源，扎实开展大学生暑期"三下乡"社会实践活动，让青年学子到基层去、到祖国最需要的地方去，通过理论与实践相结合，助力精准扶贫、实施乡村振兴战略，在实践中切身感受新时代新变化，在服务基层、服务社会中坚定信念、磨砺自我、增长本领。湖南中医药大学"三下乡"活动坚持"受教育、长才干、做贡献"的宗旨，将社会实践与思政教育相结合，与专业锻炼相结合，与服务社会相结合，突出引导大学生亲身参与社会实践活动，在实践中成长，在实践中成才，已成为学校实践育人的重要载体和品牌活动。（图 3-1、图 3-2）

图 3-1　暑期"三下乡"活动出征仪式

图 3-2 暑期"三下乡"社会实践活动

## 二、案例实施

### （一）完善组织管理，扩大活动覆盖面

学校成立由校领导牵头，校团委、学生工作部（处）、教务处及各二级学院相关部门负责人共同组成的"三下乡"社会实践领导机构，构建了以党委领导，团委牵头，学校各部门、学生团体共同参与的社会实践活动组织层级，充分调动广大师生和社会各界参与社会实践的积极性和主动性。

### （二）规范立项申请，推进活动项目化

从"三下乡"项目的策划、选拔、立项、实施、宣传、总结等方面建立规范程序，团队根据实践时间、形式、亮点、经费做好详细策划，学校根据中央和全省对于"三下乡"整体布局安排项目遴选、团队组建，并根据实践内容的不同，督促各团队做好岗前培训。

### （三）创新活动形式，增强活动实效

各学院按照"目标精准化、工作系统化、实施项目

化、传播立体化"原则，根据基层实际需要，采用"院院联合""校院联合""校企联合"的组队方式，围绕助医、助学、助残、扶老、帮困等内容，深入贫困地区开展社会实践。

**1.爱心医疗服务团** 围绕健康中国战略，在开展义诊、健康咨询、针灸推拿、中医药科普文化知识宣传、基本医疗卫生知识普及、基层常见病调查、流行性疾病防治的基础上，为村民免费发放中药保健箱，免费开设刮痧、艾灸、拔火罐、传统保健操等专题培训。

**2.教育关爱服务团** 学校杏林烛光支教队、栀子花支教队、心翼支教队、向日葵支教队等队伍聚焦留守儿童、流动儿童、不良行为青少年等重点对象，开展青少年心理健康疏导和培训、学业辅导、亲情陪伴、自护教育等形式的精准关爱志愿服务活动。（图3-3）

图3-3 "三下乡"教育关爱服务团

**3.文化艺术服务团** 围绕培育和践行社会主义核心价值观，开展艺术创作、惠民展演、文化普及等形式的社会实践活动。

**4.科技支农帮扶团** 围绕脱贫攻坚和乡村振兴，开展青年网络扶贫扶智、农技培训推广、农业科普讲座、乡风文明宣传等形式的社会实践活动。

**5. 理论普及宣讲团** 围绕习近平新时代中国特色社会主义思想和党的政策法规、会议精神，开展宣讲报告、学习座谈、调查研究、政策宣传等形式的社会实践活动。

## （四）拓宽宣传渠道，提升教育实效

学校充分融合传统媒体与新媒体，坚持面上宣传与突出重点相结合，动态播报与经验提炼相结合，多措并举，多角度、多层次、有重点地做好宣传，提高活动辐射力，巩固活动成果。

**1. 动员大会** 召开"三下乡"社会实践活动动员大会，对社会实践活动的具体工作进行安排。

**2. 实时播报** 通过微信平台等渠道，将活动中的感人事迹、实践成果和心得体会向广大青年学生宣传，传递社会实践的正能量，使更多学生受到教育，提升"三下乡"活动的育人功效。

**3. 评先评优** 开展总结和表彰，全面梳理活动基本情况，选树和宣传先进典型，评选"三下乡"社会实践活动优秀单位、优秀个人、优秀指导者、优秀服务团队、优秀调查报告（论文）、优秀实践日记、优秀摄影作品、优秀微电影、优秀宣传报道，进一步激发学校广大师生参与社会实践的积极性、主动性和创造性。

**4. 经验分享** 开展校院两级报告会，组织优秀实践团队、个人在青年学生中分享暑期社会实践的鲜活事例、实践特色、实践成果、活动感悟，扩大"三下乡"活动的影响范围。

## 三、工作成效

"三下乡"活动开展以来，校团委按照"思想要新，定位要准，工作要实"的指导思想，认真指导各单位"三下乡"活动开展，3次被团中央授予大中专学生志愿者暑期"三下乡"社会实践活动优秀单位；杏林烛光支教队、"中医药文化进永州"社会实践团队、研究生赴常德临澧县团队等多支团队被团中央授予全国暑期"三下乡"社会实践活动优秀服务团队。近年来，学校在"镜头中的三下乡""三下乡社会实践千校千项""寻找全国大学生百强暑期实践团队"等活动中荣获多个大奖。

### （一）实践内容不断丰富

校团委在总结历年"三下乡"经验的基础上，形成了与"社会主义核心价值观"相结合，与"我的中国梦"相结合，与"弘扬优秀传统文化"相结合，与"公益组织和公益项目"相结合，与"大学生创新创业"相结合，与"大学生专业实践"相结合的"六结合"指导方针，并根据实际情况不断丰富和完善方针。活动从最初的社会调查、政策宣讲等形式，发展为下乡义诊、送医送药、中医理疗、追寻红色足迹、教育关爱、文艺宣传、社情观察、助力扶贫等内容。

### （二）实践规模不断扩大

从2008年至2019年，学校累计派出近150支团队、近万名师生奔赴张家界、湘西、永州、怀化、娄底等12个市州的偏远贫困地区，参与社会实践活动的人数在不断壮大，已呈现出社会实践活动参与面广、特色鲜明、成效显著的特点。项目得到了爱心企业大力支持，累计免费发放药品、图书、教学设备等物资 1000 余万元。

### （三）实践效果不断彰显

活动提升了大学生对国情、社情、民情的认识，提高了大学生实践能力和综合素质，增强了大学生爱国主义精神和社会责任感，磨砺了大学生的意志品质和理想信念，优化了大学生的团队合作能力和人际交往能力，让大学生更加客观地去认识自身的价值。

## 四、工作经验与思考

志愿服务是社会进步的体现，是一个传递爱心、播种文明的过程。对志愿者而言，它是奉献社会、服务他人的一种方式；对于服务对象而言，它是感受社会关怀、获得社会认同的一次机会；对社会而言，它是提升社会风气、保障社会稳定的一块基石。打造志愿者组织活动品牌是共青团工作的一个重要方面，也是发挥共青团影响力的一个重要途径。

### （一）发挥专业特色，使"三下乡"专业化

学生在学校所学的专业知识，最终是为了运用到社会和工作当中去。"三下乡"活动应得到专业教师的支持和指导，活动方案设计时应结合学科特点，依托专业优势，并根据学生在校期间的成长阶段实行分类实践活动，让不同学科专业

和年级的学生能够分层级、分阶段去了解社会，按照"按需设项、据项组队、多项受益"的原则，科学统筹、细致安排、因地制宜、因人制宜，才能开展高层次的"三下乡"活动。

## （二）加强基地建设，使"三下乡"常态化

社会实践基地是大学生开展社会实践活动的场所，没有稳定的实践基地将不利于实践活动的持续发展，活动效果也将大打折扣。这就要求学校走出校园，主动出击，根据办学层次和学生的专业特点，加强与地方政府、企事业单位、社会组织等合作共建，本着互利共赢的原则，建设一批稳定的、能够满足学生成长成才实际需要的"三下乡"社会实践基地。

## （三）创新开展模式，使"三下乡"项目化

传统的千篇一律的"三下乡"实践模式已经难以激发大学生参与活动的热情，学校必须在活动观念、机制、内容、方法等方面进行创新，开展既满足学生个性特点和年龄特点，又符合乡村需要的活动，才能更好发挥新时代大学生的优势和创造性。

## （四）丰富实践主题，使"三下乡"时代化

"三下乡"活动要紧密结合新时代要求，积极围绕"新时代乡村振兴""新时代三农工作"需要，同时切实落实高校立德树人的根本任务，按照党中央和国家关于加强大学生德育、美育、劳动教育等时代要求，不断丰富实践活动主题，并与在校教育紧密配合，才能更有效地发挥高校实践育人功能和积极作用。

> 青年兴则国家兴，青年强则国家强。我们党自成立之日起，就始终代表广大青年、赢得广大青年、依靠广大青年。各级党委和政府要充分信任青年、热情关心青年、严格要求青年，为青年驰骋思想打开更浩瀚的天空，为青年实践创新搭建更广阔的舞台，为青年塑造人生提供更丰富的机会，为青年建功立业创造更有利的条件。
>
> ——习近平总书记在同各界优秀青年代表座谈时的讲话（2013 年 5 月 4 日）

## 案例二　区校共建　共享共帮
### ——"1+1+1"校地合作实践育人共同体建设项目

## 一、案例背景

2002 年 4 月，中央文明办、文化部、卫生部、共青团中央等九部门联合发出《关于开展科教、文体、法律、卫生"四进社区"活动的通知》，要求通过开展"四进社区"活动，引导社区居民"关心小家爱大家，共育社区文明花"，相认、相识、相知、相助，身体力行社会主义思想道德，形成平等友爱、良好和谐的社会风尚，邻里互助、团结进步的人际关系，传播健康、文明、科学的生活观念，促进人的全面发展和社会文明进步。[①]

　　湖南中医药大学团委和学士街道团委按照平等互利、资源共享的原则，根据中共中央、国务院印发的《"健康中国2030"规划纲要》的指导意见，启动"1+1+1"校地合作实践育人共同体建设项目，弘扬中医药文化，传播中医药知识，普及科学健身知识和健身方法，推动全民健身生活化，建立中医药文化科普宣传的长效机制。2020年，项目被评为湖南省大学生思想道德素质提升工程优秀建设项目。

## 二、案例实施

　　中医药的简、便、验、廉，以及广大民众在内心深处对中医药文化的认同感、亲切感，使得中医药文化与社区居民之间有着天然的联系。为推广中医药文化，促进大学生立德成才，助推区域社会和谐发展，有效实现区校双赢，2017年，校地合作实践育人共同体建设项目启动仪式在长沙岳麓区米兰春天群众文化广场隆重举行，学校与岳麓区学士街道工委签订了合作共建协议，着力弘扬中医药文化，传播中医药知识，推广普及中医药传统保健，力求探索多角度展示、推广中医药健康服务的新模式。（图3-4）

---

① 关于开展科教、文体、法律、卫生"四进社区"活动的通知［N］.人民日报，2002-04-19.

图3-4 学院与街道社区结对仪式

## （一）项目思路

活动采用一个学院"联姻"一个社区，通过开设健康讲堂、优儿课堂、社区传统保健训练营，培养一批中老年传统保健粉丝、一批中医保健知识达人、一批熟练掌握小儿推拿技术的年轻妈妈，在弘扬推广中医药文化的同时，真正惠及民生，满足社区百姓不断增长的卫生健康知识和服务需求。

## （二）项目推进

校团委老师兼任学士街道团委副书记，具体负责并推动项目的开展；社区提供场地作为活动服务驻点，如学联社区为小儿推拿协会提供服务驻点，社区图书馆作为各志愿服务驻点，学校青年讲师团和学校第一附属医院志愿者团队共同参与。

## （三）项目开展

**1. 健康讲堂** 一是二级学院志愿者团队每季度联系社区开展一次"中医药文化进社区"活动，为社区居民带来丰富多彩的中医药健康咨询和中医药文化展览。活动有中医药膳讲解、中医传统器具展示、中医艾灸推拿体验、真假优劣药材鉴别、中药香囊现场制作、太极和八段锦现场教学及专业的中医药健康咨询。累计开展群众喜闻乐见、实用受益的服务实践活动近30场，服务5000余人次。

二是组织学校和直属附属医院的专家教授、青年讲师团进入社区，根据季节的变化和社区居民的需求，开展中医养生保健知识讲座，普及中医文化知识，不断提升社区居民防病治病的健康意识。累计开展公益讲座40场。

三是与社区小学开展"中医药文化进课堂""中小学生进中医名校"活动。邀请社区居民、小学生走进大学，走近中药标本馆、人体标本馆和药植园。项目开展以来，为联丰小学、博才小学开展小讲课50余次，接待3000余名小学生来校参观学习。

四是开设网上课堂。在校团委微信公众号开设"岐黄青年说"专栏，在学校官微开设"节气道生"，向社区居民推送中医养生保健、常见病的预防、急救措施、食疗知识等。

**2. 健康驿站**　优儿学堂与学士街道的学联社区建立优儿健康驿站，每周四、周六下午开展免费小儿推拿体验，免费为社区居民教授小儿推拿课程。从2017年至今，优儿健康驿站服务儿童超3000人次。在岳麓区学士街道学府社区、斑马塘社区、白鹤社区开设优儿学堂，面向儿童家长开展中医未病先防的理念教育及小儿推拿调理体验与培训。优儿学堂在学士街道开班12期，培训家长1000余人，开展公益讲座50余场，参加活动人数累计5000余人。

**3. 传统保健训练营**　按照"定点定人，结对帮扶"的原则，二级学院传统保健队每个月定期去社区教习太极拳、八段锦、长拳、易筋经等传统保健功法。针灸推拿学院团委在学校东门的米兰春天文化广场设立传统保健学习点，每周开展 3 次学习；学校体育艺术学院的传统保健培训班面向社区免费开放，每周进行 1 次训练。项目累计为 2000 余人次社区居民提供了传统保健培训。（图 3–5、图 3–6）

图 3–5 推拿按摩服务

图 3–6 社区居民传统保健培训

## 三、工作成效

项目以高校社区志愿服务活动为龙头，以共建共享为宗旨，学校为社区送资源、送讲座、送活动，社区为大学生服务社会提供实践机会和舞台，这种区校共建的模式是开展中医药健康教育、普及具有中国特色的健康生活方式的良好尝试，也是搭建学校与社区交流沟通平台与窗口的有效途径，成为共谱邻里和谐曲和构建和谐社区、和谐校园、和谐社会的重要举措。

### （一）建立了联动的工作组织机构

学校与岳麓区学士街道工委签订了合作共建协议，将合作共建从战略上、行动上和机制上一步步落到实处，分步实施，层层推进。学校团委与街道工委定期与不定期进行工作研讨，确保活动持续稳定开展。

### （二）建立了稳定的德育实践基地

为不断巩固区校合作成果，发挥基地的示范引领作用，项目采用一个学院"联姻"一个社区的方式，把长期坚持卓有成效开展活动的服务点转化为德育实践基地，并积极推进学院团干部、社区工作者和大学生志愿者"三位一体"的共建服务工作站。

### （三）优秀实践典型不断涌现

通过共建服务，参与项目实施的学生积极投身社会实践蔚然成风，涌现了一大批优秀典型。如每周坚持去社区为孩子免费做小儿推拿的谢峥嵘被评为"中国大学生自强之星提名奖"并荣获"湖南省雷锋式当代大学生"荣誉称号；为社区居民制作中医药健康知识宣传板、宣传图的王剑被评为"湖南省最美共青团员"；公益实践类社团会长陈星宇被评为"湖南省向上向善好青年";项目执行组组长钱舒乐被评为"湖南省优秀共青团员"。共建中培养的 4 个项目获全国志愿服务项目大赛金奖和银奖、湖南省青年志愿服务项目大赛金奖。

## 四、工作经验与思考

区校共建的方式突破了高校德育教育"闭门造车"的局限，是深化实践育人的有效举措，促进了学生在实践中知行结合、德才并进。

### （一）志愿服务要深化服务内涵

在充分沟通的基础上，不断完善志愿服务制度和双方职责要求，明确在志愿服务过程中志愿者的招募培训、活动开展、总结及活动宣传的要求，将中医药优势与社区健康管理相结合，探索健康文化、健康管理、健康干预为一体的中医健康保障模式，推进中医药文化的传承与发展。

### （二）志愿服务要完善激励考核机制

在创新区校合作的志愿服务新模式基础上，要关注志愿服务成效的检验和考核，结合志愿活动考评、培训班学习交流、实地参观体验等特色提质活动的开展，完善志愿者激励考评机制，大力宣传志愿精神，打造活动品牌，营造服务文化，树立优秀志愿者典型，提升大学生对社会主义核心价值观的认同感和自豪感。同时积极探索学生志愿服务的表现和成效与学生学业考核、综合素质评价及评优评先、推优入党等具体事项的挂钩机制，激励学生向上、向善、争优。

## （三）志愿服务要加强队伍建设

完善志愿者队伍建设，建设一支制度化、规范化、常态化的志愿服务队伍，进一步提高服务质量和服务水平。强调志愿服务理念，做好传帮带工作，更好地延续从学校到社区、从社区来学校的联动活动模式，搭建健康教育社群。

习语

广大青年要牢记"从善如登，从恶如崩"的道理，始终保持积极的人生态度、良好的道德品质、健康的生活情趣。要倡导社会文明新风，带头学雷锋，积极参加志愿服务，主动承担社会责任，热诚关爱他人，多做扶贫济困、扶弱助残的实事好事，以实际行动促进社会进步。

——习近平总书记在同各界优秀青年代表座谈时的讲话（2013 年 5 月 4 日）

# 案例三　为大山深处的孩子守护健康
## ——"中医药继承者"关爱留守儿童成长项目

# 一、案例背景

为深入贯彻中央有关精神和中央文明委《关于深入开展

志愿服务活动的意见》，广泛动员青年志愿者为农民工子女健康成长提供形式多样、切实有效的志愿服务，加强新格局下青年志愿者行动品牌建设，共青团中央、中国青年志愿者协会决定在全国范围实施"共青团关爱农民工子女志愿服务行动"。2010 年 5 月 4 日，"共青团关爱农民工子女志愿服务行动"在全国各地全面启动。

"共青团关爱农民工子女志愿服务行动"已开展 11 年，取得了显著成效，但服务内容主要集中在学业辅导、亲情陪伴、爱心捐赠、感受城市，鲜少关心孩子的健康，关心孩子的健康行为习惯。在与农村留守儿童的接触中，湖南中医药大学团委发现比贫穷、失学、孤独更可怕的，其实是对健康的忽视，是疾病来临时对孩子的无人问津和手足无措。据调查，当前大多数留守儿童为隔代监护，祖辈因观念陈旧，方式简单，不能提供足够的健康教育，也无法有效督促和帮助孩子建立良好的健康行为习惯。此外，村小学的心理健康教育及行为习惯培养也几乎是空白，现状令人担忧。国家卫生健康委提出：关爱留守儿童健康，关乎家庭幸福，关乎健康中国建设。（图 3-7）

图 3-7　项目获中国志愿服务项目大赛金奖

## 二、案例实施

湖南中医药大学"中医药继承者"关爱留守儿童成长项目于2013年启动，项目针对留守儿童普遍存在的因生活习惯不健康、饮食条件不卫生、健康关照不到位导致的发育迟缓、体质欠佳问题，积极探索关爱留守儿童志愿服务的新方向——健康教育志愿活动，将中医药健康知识带入课堂，融入支教，重点实施21天健康养成计划，推动"中医药文化进农村进课堂"，帮助留守儿童提升健康素养和健康水平。

### （一）志愿服务团队专业化

团队成员有教师骨干，也有来自大学中医学、针灸推拿学、中药学、中西医临床医学、护理学等多个专业，兼具中医药高等教育背景与医者仁爱之心的学生志愿者。项目依托办学历史悠久、学科特色鲜明的湖南省重点建设的中医药高等院校湖南中医药大学，借力大学的学科优势和专业特色，形成了日益成熟的志愿者招募、考核和培训模式，建立了"3+3+X"志愿者教育培训体系，强化团队成员的入门培训、岗位培训和骨干培训3个环节，递进式提高成员素质；依托学校、学科、社区3个阵地，实现成员培训专业化；"X"即结合内容拓展标本制作、传统保健、推拿手法等若干专业培训。（图3-8）

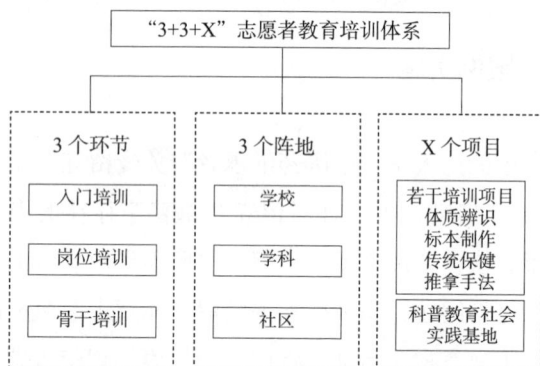

图 3-8 "3+3+X"志愿者教育培训体系

项目依托学校国家中小学科普教育社会实践基地开展学生志愿者培训，每年不少于40小时。项目的教材编写、数据分析依托国家重点学科中医诊断学、国家重点专科中医儿科的教师志愿者完成，相关的指标均由国家名老中医、教学名师指导把关，确保了项目实施的专业性及可操作性。

## （二）志愿服务内容精细化

一是"四个环节"，搭建中医药实践项目教学模式。为帮助留守儿童建立健康生活观念、养成良好行为习惯，项目重点实施21天健康养成计划，设置了体质辨识、课堂讲授、实践体验与反馈互动四个学习环节，采用"课堂、体验、互动"三位一体的教学模式，让孩子们在动手、观察、思考、探索中学习中医药传统保健知识，了解中医药适宜技术，在理论与实践相结合的教学过程中，感受中医药传统文化魅力。（图3-9）

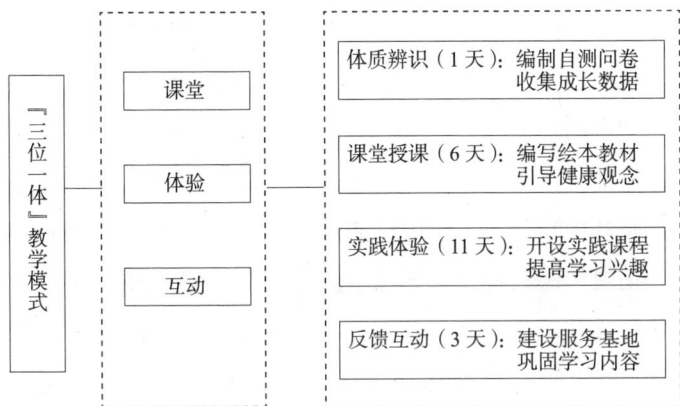

图 3-9 "课堂、体验、互动"三位一体的教学模式

**1. 体质辨识（1 天）** 编制《儿童中医体质与判断自测表》，收集孩子成长数据，跟踪项目效果。

**2. 课堂授课（6 天）** 编写《预防通识》《中医药小妙方》《中医药文化》等系列健康教育绘本教材，带给孩子们健康的生活观念。（图 3-10）

**3. 实践体验（11 天）** 开设中医药传统保健、中医适宜技术、中草药辨识等实践课程，提高儿童的学习兴趣。

**4. 反馈互动（3 天）** 通过中医药文化汇报演出、中医药标本制作、中医药特色图书馆建设、中草药种植园建设，巩固学习内容。

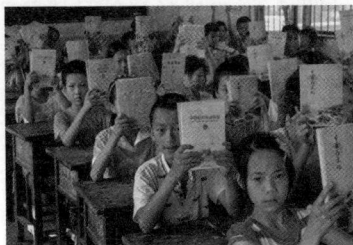

图 3-10 健康教育教材

二是"四个建设"，丰富中医药实践项目服务内容。项目依托中医药专业特色，通过"一套中医药特色课程""一个农村儿童中医体质档案库""一个中医药文化图书馆""一块中药迷你种植园"，让农村留守儿童随时随地认识中草药形态特征，辨认中草药，了解中草药疗效，及时查阅中医药特色书籍，拓展中医药视野，学习中医药传统保健知识，感受中医药传统文化魅力。项目还与芒果 TV 联合打造多媒体远程授课室"烛光小屋"，通过互联网技术向儿童打开传播中医药文化的新大门，弥补了非支教期间留守儿童对于中医药知识的学习空白，加强了中医药文化传播的有效性与可持续性，为留守儿童打开了通向中医药文化的"门"，播下了"信中医、爱中医、用中医"的种子，为弘扬中医药事业培养源源不断的后备力量。

### （三）志愿服务资源社会化

项目立足自身思路与要求，不断创新帮扶理念，丰富帮扶载体，与社会各医疗机构、医药公司、教育机构等广泛开展合作，建立长期合作关系，形成多方联动发力、多渠道经济保障的良性循环模式，确保了项目长期可持续发展的后续力和生命力。目前，与项目有良好合作关系的爱心单位包括湖南省中医院、湖南省中医药研究院附属医院等 3 家三级甲等中医院，老百姓大药房连锁股份有限公司、九芝堂股份有限公司等上市公司，还有新华书店、晨光文具等多家爱心企业。

# 三、工作成效

## （一）项目有良好的育人效果

项目充分挖掘中医药文化资源，聚焦主题，创新实践活动形式，让学生亲身感受中医药传统文化的魅力，获得持续专业学习的动力。项目凸显中医药文化特色在项目的应用，强化志愿者各级培训，让学生在实践中增强对中医药专业的认同感，提高服务社会的各项中医药基本技能。帮助学生形成关心社会、关心他人的意识，增强学生社会责任感和历史使命感，使之具有广施仁德的风范，内化道德的品质，成为"有理想、有本领、有担当"的时代青年。近年来，项目成员获得了"全国优秀共青团干部""中国大学生自强之星""向上向善湖南好青年""湖南省优秀共青团员""湖南省雷锋式青年志愿者""湖南省雷锋式当代大学生""湖南省最美共青团员"等荣誉称号。

## （二）项目具有稳定的实践基地

为巩固项目成果，学校团委与服务对象永州道县洪塘营瑶族乡和平希望小学、常德市鼎城区石公桥镇夹堤口完小等6所学校建立志愿活动长期合作关系，作为大学生社会实践基地，确保项目持续深入开展。项目实施8年来，400余名志愿者分赴湘黔两地7所学校，针对山区留守儿童现状开展健康教育，服务时长超过40000小时，受益人数超过1200人次。

### （三）项目产生了较好的社会影响

项目先后荣获湖南省第二届志愿服务项目大赛金奖、第四届中国志愿服务项目大赛金奖，入选湖南省志愿服务示范项目，入选团中央志愿服务优秀案例，获评共青团中央、中国志愿者协会第十二届中国青年志愿者优秀项目奖。2019年，项目入选共青团湖南省委青年志愿品牌升级项目，湖南省财政"党建带团建"专项经费予以支持。团队于2015、2016、2018、2019年四次获团省委和团中央表彰，并获湖南省中医药管理局经费支持。

## 四、工作经验与思考

### （一）志愿服务项目要具备可复制性

"中医药继承者"项目强化顶层设计、健全管理机制与创建服务基地"三位一体"的项目管理机制，从项目服务内容、教学模式与专业团队三方面探索了中医药实践项目的新特色，如何通过汇报会、媒体报道等形式分享项目成果，使校内外志愿者团队效仿项目是扩大项目影响力、增强项目辐射性的关键。

### （二）志愿服务项目必须有持续和专业保证

"中医药继承者"项目《儿童中医体质辨识表》，采用表格形式对生机旺盛质、热滞质、湿滞质等7种不同体质进行了精准量化。如何组建以服务地老师为骨干成员的常驻志愿者团队，如何加强常驻志愿者团队的业务培训，如何提高留守儿童信息采集的专业性，是项目规范化和项目效果评估体系建立的关键。

### （三）志愿服务项目必须精准服务

"中医药继承者"项目借力互联网健康医疗服务模式，尝试留守儿童中医体质档案库的建立，采集留守儿童健康信息。以健康档案为载体，把握健康与疾病的整体要素与个体差异，制定防治原则，进行"因人制宜"的个性化干预。如何进一步完善《儿童中医体质保健方案》，如何通过数据对比，对服务对象进行长期跟踪，是确保项目长期服务精准性的关键。

### （四）志愿服务要积极发挥反哺作用

志愿服务项目的开展，在服务帮扶对象的同时，也要积极借助实践和具体的服务人群、服务的过程，对掌握的第一手资料、病例和具体数据等强化运用。学生要通过志愿服务，有效形成志愿服务总结、专题调查报告、科研课题、毕业论文等成果，反哺学生的专业锻炼、学校的专业教学，甚至助力医院对特定人群的疾病诊断。

当前，中医药振兴发展迎来天时、地利、人和的大好时机，希望广大中医药工作者增强民族自信，勇攀医学高峰，深入发掘中医药宝库中的精华，充分发挥中医药的独特优势，推进中医药现代化，推动中医药走向世界，切实把中医药这一祖先留给我们的宝贵财富继承好、发展好、利用好，在建设健康中国、实现中国梦的伟大征程中谱写新的篇章。

——习近平总书记致信祝贺中国中医科学院成立60周年（2015年12月22日）

## 案例四　弘扬中医文化　呵护儿童健康
### ——"优儿帮"互联网＋儿童健康公益服务项目

### 一、案例背景

儿童健康是提高人口素质、国家素质的保证，是实现中华民族复兴梦想的坚实基础。我国目前0～14岁儿童共有2.23亿，占全国人口的16.6%，环境污染、食品安全、药物滥用等问题，导致儿童健康状况堪忧，亟需更安全、更行之有效的健康干预方式。在目前过度医疗、滥用抗生素、看病难、看病贵、儿科医生缺乏、放开三胎等社会背景下，关心儿童健康具有特殊的价值和意义。中医治未病的思想、绿色自然的小儿推拿技术，符合现代对儿童健康干预的需求，也契合弘扬传统中国文化的国策。国家卫生健康委提出：儿童健康是全民健康的基础，是经济社会可持续发展的重要保障。本项目力求发挥中医药在儿童医疗保健服务中的作用，开展中医药科普宣传及健康教育活动，推动中医药文化进家庭、进社区。

## 二、案例实施

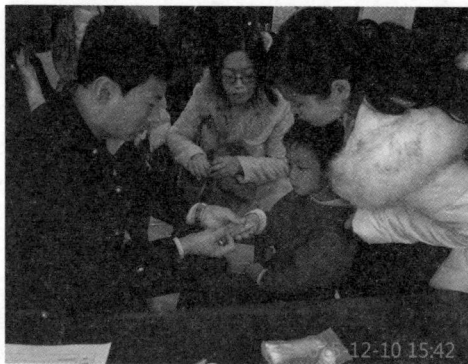

图 3-11　王德军老师在社区义诊

　　湖南中医药大学推拿气功学教研室教师王德军 2011 年发起并成立优儿帮志愿服务队，以"帮助天下儿童健康成长"为使命，带领学校推拿学科团队和大学生志愿者，针对 0～12 岁儿童及其家长，开展"中医、营养、心理、安全"儿童四维成长管理教育和服务。利用中医小儿推拿技术优势，让儿童少生病或不生病；通过让家长掌握中医未病先防的理念、健康喂养的常识、小儿推拿防治疾病方法，在自身家庭受益的同时成为爱心传递的志愿者。（图 3-11）

## （一）传递健康新理念——家长是孩子最好的医生

中医认为"上工治未病"，最好的医生是让人少生病甚至不生病，而孩子的健康、孩子的未病先防主要在家庭、在父母，孩子最好的医生是掌握了健康的理念、方法、技术的家长。优儿帮项目从儿童常见健康问题的起因、表现、易患疾病、危害着手，编写儿童健康故事，阐释中医健康的理念、方法、技术，做到志愿者会讲（理论通俗性、故事生动性）、老百姓爱听（有趣、有益、有启迪）、网络易流传（精辟、突出、有感染力）。

## （二）构建健康管理方法新体系——四维儿童成长管理法（图 3-12）

**图 3-12　四维儿童健康管理法**

针对儿童健康理念缺乏、喂养不当以及医疗方法选择等问题，打造全面解决儿童健康问题的课程体系，构建儿童健康管理方法新体系。融汇中医未病先防的理念、正确喂养的常识、防治疾病的小儿推拿技术，整合营养学、心理学、用药常识、体质调理等知识，以小儿推拿技术为抓手，打造全新的四维儿童健康管理法，即：君维——小儿推拿，臣维——营养膳食均衡，佐维——心智发育健康，使维——儿童用药安全，受益人涵盖儿童、家庭、社会三方，呵护儿童身、心、智健康。

### （三）志愿服务形式新拓展——一平台两讲堂三场馆

针对社区 0～3 岁、幼儿园 3～6 岁、小学 6～12 岁等不同年龄阶段的儿童，通过开展"一个平台，两个讲堂，三个场馆"的服务，在关注儿童健康的同时也吸纳更多的志愿者加入到公益服务队伍中。（图 3-13、图 3-14）

一个平台（儿童健康网络平台）：通过微信公众号及儿童健康教育课程漫画集、动画集，构建智能化的"互联网＋儿童健康＋公益"的公益服务体系。

两个讲堂（儿童健康知识讲堂、小儿推拿家长学堂）：通过儿童健康知识讲堂，开展大型中医健康公益讲座；通过小儿推拿家长学堂，向儿童家长传授儿童健康的理念、方法、技术，并激发家长们内心深处的大爱，成为中医儿童健康公益志愿者。

三个场馆（儿童健康档案馆、儿童健康科普馆、小儿推拿体验馆）：传递中医未病先防的理念，传播小儿健康喂养知识，开展儿童健康调理公益服务。

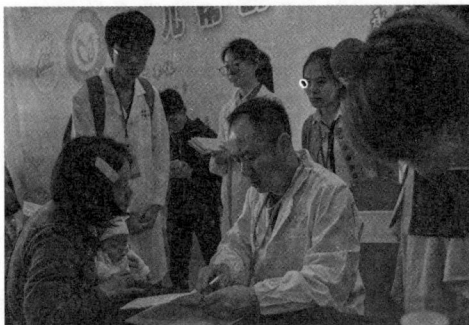
图 3-13  优儿健康驿站义诊活动

图 3-14  优儿健康驿站推拿活动

### （四）志愿者志愿服务新动力

志愿服务团队多渠道构成，包括湖南中医药大学的青年教师、大学生志愿者、家长志愿者，构成项目开展的中坚力量。志愿者参与项目过程中有支持、有动力、有爱心、有尊严，为志愿服务项目的持续开展提供了保证。

**1. 有支持**  政府、社区提供项目硬件支持，湖南中医药大学提供专家、技术、平台支持，学会、企业提供财务支持，媒体、网络提供推广支持。

**2. 有动力** 一阶、二阶、三阶、职业班、优儿大学的晋级学习模式，激发志愿者主动学习、不断成长的动力，实现其自身价值。

**3. 有爱心** 内心深处的大爱被激发，成为中医儿童健康志愿者，做到邻里守望、友善互助、助老扶幼。

**4. 有尊严** 家庭焦虑、就业焦虑、经济焦虑等得到解除。参加志愿服务，内心更加充实，知识水平不断提升，感受到被需要、被尊重。快乐、充实、成长、自豪是志愿者团队的共同价值观。

## 三、工作成效

### （一）志愿服务有基地、有人员、有参与

建立社区志愿者服务站 12 个、幼儿园志愿者服务站 6 个，有志愿服务人员 1200 人。以志愿者服务队为中心，辐射各大社区，以长沙为中心，辐射湖南省各地市。志愿服务 26000 人次，志愿服务时长超过 20 万小时。

### （二）志愿服务项目更具专业特色

建立了儿童健康管理的流程与标准。编写科普教材 1 部，科普绘本 1 套，录制了《手护儿童健康——小儿推拿探秘》网络公开课程，共计 87 学时，让更多的人能够系统学习儿童健康知识、小儿推拿技术，目前学习人数达到 4350 人。创建"优儿帮"微信公众号，定期发布儿童喂养知识，通知大家活动时间，目前关注人数超过 9 万人，累计推送健康知识 600 余期。

## （三）志愿服务对象多元化

**1. 0～12岁儿童**　对0～12岁儿童进行中医体质辨识，并对家长提供专业健康指导，对儿童进行推拿调理，建立健康档案，进行体质调理跟踪。每年服务儿童20000人次，跟踪服务家庭2100个，这些家庭的孩子饮食、睡眠、大便情况大大改善，生病率大大降低，不断实现我们赋能家长、强健孩子的梦想。

**2. 儿童家长**　以"你就是孩子最好的医生"为主题，开展家长讲堂，讲授儿童喂养、营养、心理、小儿推拿等健康知识，提升家长育儿知识和技能，解决家长焦虑根源。已开办公益家长讲堂110期，培训家长4260人，其中615位家长成为项目的公益志愿者。项目还扎根社区开办了38期大型公益讲座，受益家长8600人。

**3. 中医儿童健康从业者**　提升中医儿童健康职业技能，使之获得更全面的知识与经验，带动了一批儿童健康从业者的就业创业。打开了社区儿童疾病预防与调理的市场，让家长有健康管理的意识，愿意接受调理、参与学习。

## （四）社会影响不断扩大

项目获得国家卫计委等12个政府部门的项目支持，其中包括3个国际项目。建设了东盟地区、亚太地区以及新加坡3个国际中医儿童健康推广基地，扩大了项目的海外影响力。项目得到了红网、湖南卫视、湖南教育电视台等媒体关注，先后荣获湖南省青年志愿服务项目大赛金奖、湖南省第二届志愿服务项目大赛金奖、第三届中国青年志愿服务大赛银奖、第三届中国青年志愿者服务项目公益创业大赛银奖，入选湖南省志愿服务示范项目，入选团中央志愿服务优秀案例，获评共青团中央、中国志愿者协会第十二届中国青年志愿者优秀项目奖。（图3-15）

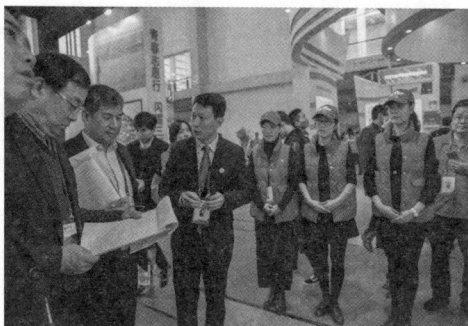

图3-15　第三届中国青年志愿服务大赛评审现场

## 四、工作经验与思考

志愿服务活动就是要立足社会需求，在党政关注、群众急需、青年热心的好事和急事上有所作为。同时，也使青年学生在服务社会、帮助他人的过程中，树立社会公德意识、专业责任意识、中医文化自信，让青年志愿者在学以致用、敢为人先的志愿服务过程中，不断提高自身的思想道德和科学文化素养。

### （一）志愿服务应肩负的使命与责任

中医文化作为中国传统文化的一部分，承受住了历史变革的洗礼，为中华民族的繁衍盛昌作出了巨大贡献。随着西方文化、现代医学的冲击和影响，中医文化、中医思想、中医思维受到一定冲击。作为中医药院校的志愿者团队，有责任、有义务承担"传承中医药"的重要使命，通过中医药知识走进社区，走进家庭，让专业理念常识化、让专业知识科普化、让专业技能家庭化，广泛发挥中医药专业优势，不断提升中医健康知识为国民健康保驾护航的强大作用。

### （二）志愿服务项目应具备自我造血能力

志愿服务组织最大的压力是生存，志愿服务项目最大的压力是可持续性，经费来源的可持续性是发展过程中必须要解决的痛点问题。随着志愿服务项目的社会影响力不断扩大，应争取得到各级政府、部门的认可与支持，构建以政府购买、社会捐赠、服务收入为来源的多元化经费渠道，建立可持续发展的公益模式。

### （三）志愿服务应专注民生之需

志愿服务应着眼民生，满足民众生活所需，给民众创造美好生活状态，这是志愿者的奋斗目标。高校志愿服务要深入体察群众所需，调动高校优势力量，立足服务为民，立足服务于专、服务于细，努力发挥高校的社会服务职能。

党的十八大以来，广大志愿者、志愿服务组织、志愿服务工作者积极响应党和人民号召，弘扬和践行社会主义核心价值观，走进社区、走进乡村、走进基层，为他人送温暖、为社会作贡献，充分彰显了理想信念、爱心善意、责任担当，成为人民有信仰、国家有力量、民族有希望的生动体现。

——习近平总书记致信祝贺中国志愿服务联合会第二届会员代表大会召开（2019 年 7 月 23 日）

## 案例五 "E"入社区 康福万家
### ——中西医结合学院"健康 e 小屋"青年志愿服务项目

### 一、案例背景

高校志愿服务作为校园文化建设的重要方面，对于提升大学生整体素质起着重要作用。湖南中医药大学团委一直把志愿服务活动作为实践育人的重要内容和有效载体，打造了一系列志愿服务品牌。中西医结合学院团委的"健康 e 小屋"青年志愿服务项目利用专业特点和优势，针对社区高血压人群的日常自我防治，积极探索新时代下具有医学背景的大学生参与社区高血压慢性病防治的有效路径。项目通过系统的第一课堂专业学习，敏于行的第二课堂志愿服务活动，学与行结合，学与思并行，践行社会主义核心价值观，弘扬青春正能量，专业服务百万家，勤学笃实创佳绩。

## 二、案例实施

高血压引起的心脑血管疾病是导致慢性疾病发生致残和死亡的主要因素之一。[①] 我国人口基数大，高血压患病率高，而卫生服务行业的人力资源紧张，如何解决高血压慢性病的防治管理知晓率低、服药率低、控制率低的问题，正是湖南中医药大学中西医结合学院团委"健康 e 小屋"青年志愿服务项目的目的。（图 3-16）

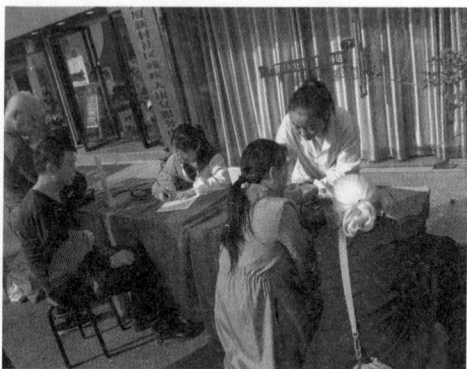

**图 3-16　志愿者在社区给居民量血压**

### （一）项目主体与对象

"健康 e 小屋"项目以学院知行医学社为主体，针对社区高血压人群开展健康宣教，探索易操作、易推广、实用性

---

① 崔华，胡亦新，胡国梁，等.19996例老年高血压生存和死亡患者的临床影响因素分析[J].中华老年心脑血管病杂志，2010，12（07）：587-589.

强的健康服务模式。知行医学社已有18年历史，有名老中医周衡教授等指导老师11名，一直致力于利用自身医学专业优势，定期开展健康宣教、送医送药志愿服务活动。目前，服务团队拥有65名队员和146名会员。团队组织机制合理，运行良好，纪律严明，吸引力、凝聚力强，成员素质高，是校内外的楷模和表率。知行医学社下设社长、副社长、教练员（监督带训队员熟悉中医针灸推拿功法、手法，以及传统保健日常训练）、常务理事（负责医疗器械的统筹运用及安全消毒管理）、外联理事（协助团队洽谈爱心企业合作）、宣传理事（在服务过程中负责记录感动瞬间、活动写板宣传）、新闻理事（写稿外宣，管理微信公众号的推送），团员干部也参与其中。机构设置虽然简单，但工作职责明确直观，其成员主要来自校内中医学院、医学院、中西医结合学院及校外志同道合的兄弟院校同学。

## （二）项目内容

**1. 建立社区数据库**　项目在长沙市天心区赤岭路卫生服务站、广厦新村社区、黄鹤社区卫生服务站、迪亚溪谷社区卫生服务站开展普查，建立了高血压病史人员基础资料信息库，登记了个人基本信息（姓名、性别、年龄、住址、家庭情况、联系电话）、生命健康指标信息（既往史、血压、血糖、体重），以及个人生活习惯。

**2. 制作爱心服务卡**　志愿服务队在社区工作人员的支持下，从社区高血压病史人员基础资料信息库中筛选"空巢"老人、家庭困难人群，重新建立"线上档案"，并根据高血压严重程度、困难情况，划分建档等级，确定志愿服务次数及帮扶广度。服务队为每一户重点人群配有联系人，并发放爱心联系卡，上面有 2 名志愿者的联系电话。志愿者主要负责重点人群点对点的健康咨询和爱心督导。

**3. 提供优质志愿服务志愿服务**　团队成员利用休息时间，定期前往社区开展志愿服务，确保每一户建档居民对高血压知晓率达到 100%，督促患者及时就诊，通过志愿服务干预措施对患者的高血压产生明显的控制效果。

一是医疗义诊专业化。服务队固定每月一次，深入开展送医送药下社区活动，把健康送到老百姓家门口。活动中，专家志愿者了解患者的病情、用药情况、生活饮食习惯，对其后期用药、饮食和运动的注意事项进行科学的指导；学生志愿者测血压、量血糖，进行针灸推拿、拔火罐，教授八段锦并宣传中医中药知识。

二是健康宣教常态化。服务队结合正确理解高血压的定义、充分理解高血压的危害、正确识别高血压的易发人群、强调健康生活方式的重要性、纠正高血压认识误区等方面，定期开展健康宣教，并开设正确测量血压专题实操班，引导和帮助社区居民建立良好的卫生习惯，倡导科学、文明、健康的生活方式，帮助大家提高健康水平和抵御疾病的能力。

三是健康回访细致化。为重点人群制作血压每日监控单，督促其按时测量血压，动态监测血压变化。定期发送日常防控提示短信，提醒重点人群对高血压要科学预防、实时监控、有效控制。

## （三）项目特色

**1. 将专业教育与服务育人结合起来**　服务团队是一群拥

有医学教育背景的学生，不管是义诊、宣教还是建档，拥有专业技能是做好志愿服务的根本。志愿服务团队成员由于要用专业知识去服务他人，必然要求自己勤学专业技能，无形之中增强了医学生学习的动力。

**2. 将有形实践与无形德育结合起来**　大学是思想道德建设的主要阵地，加强对学生的道德教育是时代发展的要求。"健康 e 小屋"项目拓宽了德育教育的载体，让更多学生有更多机会接触同学和老师，直接服务社区群众，了解认识社会，真切感受到学校的发展与社会的进步。通过志愿服务的实践活动，能积极推动大学生走向社会，融入社会。

**3. 将专业特点与实践活动结合起来**　在社区居委会的支持和配合下，项目由简单的参与社区劳动转变成结合专业优势补充基层医疗资源短板，由摆台式义诊逐步转向"跟住一条线、抓好一种病、帮助一群人"，切实协助社区的慢性病管理。项目的实施将社会实践落在了实处，形成了医学院校志愿服务的特色。

## 三、工作成效

项目为中国青年志愿者大学生服务社区优秀示范项目，项目团队荣获区校共建大学生学雷锋志愿活动评选"优秀志愿服务组织"称号，项目荣获湖南省优秀青年志愿者组织奖，三次获得湖南省大学生德育实践项目立项。

### （一）建立一个长效机制

中西医结合学院团委的"健康 e 小屋"青年志愿服务项

目已经实施 4 年，已经转化为长期不间断开展的志愿服务项目。4 年来，300 余名志愿者以高血压为防控试点病种，以健康 e 小屋为实体，在互联网建立虚拟健康 e 小屋，线上与线下结合，积极开展社区高血压慢性病防治工作。项目的开展增强了学生的社会责任感，繁荣了校园文化建设，内化了实践育人功能。

### （二）帮助了一群在校师生

"健康 e 小屋"志愿服务队员实行招募制度，通过宣传、动员，让学生志愿报名，确保学生在志愿服务中的主动性。针对服务项目对专业知识及岗位基本能力的要求，建立了贯穿志愿服务始终的岗前、岗中培训制度，确保志愿者顺利完成每次志愿服务。项目从最初的 8 人，到目前每年稳定 65 人的志愿服务组织，培养了一大批师生。

### （三）服务了一批社区居民

通过进社区、进街道等活动，开展志愿服务活动 150 余次，服务群众 25000 人次。举行了"医药同行，共创和谐""中医保健社区行""四进社区"等大型义诊活动，得到了长沙晚报、新闻频道和东方新报的宣传和报道。

## 四、工作经验与思考

高校大学生志愿服务如同一个广阔的舞台，为大学生提供了在奉献中肯定自我价值、在社会进步中成长的大好机会。大学生志愿服务的过程既是了解社会、了解人与人之间交往的过程，也是通过亲身体验磨炼自己的意志品格和升华自我的过程。[①] 因此，高校应该大力提倡，并积极创造机会让大学生多参加志愿服务，打心底认同志愿服务的意义。

## （一）加强项目志愿者队伍的建设

志愿服务要吸纳和遴选最广泛的志愿群体，拓宽志愿服务参与面；要加强涵盖志愿服务理念、志愿服务纪律、志愿者权利与义务和基本服务技能等模块的培训，实现培训系统性和指导专业性。[②]

## （二）创新志愿服务社会深度和广度

志愿服务要聚焦社会的难点和热点，通过提供社会服务以凝聚社会共识，引导志愿者深度参与社会治理。要不断创新和完善"互联网＋志愿服务"的志愿服务方式，发挥互联网及信息平台的优势和作用，不断扩大服务的群体和提升服务的深度。

## （三）拓展项目服务内容

要积极发挥中医药高校的优势，借助群众对中医的普遍认同，在专注高血压防治的基础上，积极开展由此疾病衍生的其他疾病防治服务，更可拓展居民其他常见病的防治服务。

---

① 林琳.实践育人视域下大学生志愿服务常态机制探讨［J］.人才资源开发，2016（20）：165.
② 杨欣.思政教育视域下高校志愿服务的"四化"创新模式研究——以广州大学城四所高校调研数据为例［J］.太原城市职业技术学院学报，2018（04）：64-65.

习语

青年一代有理想、有本领、有担当，国家就有前途，民族就有希望。希望你们努力在为人民服务中茁壮成长、在艰苦奋斗中砥砺意志品质、在实践中增长工作本领，继续在救死扶伤的岗位上拼搏奋战，带动广大青年不惧风雨、勇挑重担，让青春在党和人民最需要的地方绽放绚丽之花。

——习近平总书记给北京大学援鄂医疗队全体"90后"党员的回信（2020年3月15日）

# 案例六　关爱烙印天使　志愿者在行动
## ——第一附属医院"烙印天使"志愿服务项目

## 一、案例背景

为了加强医务人员人文精神培养，让医疗服务彰显关爱，湖南中医药大学第一附属医院团委发起"烙印天使"志愿服务项目。项目以贫困烧烫伤儿童心理问题和功能康复为重点，以汇集社会善心、聚集社会力量为宗旨，以传播医疗急救常识、传递爱心救助为使命，以健康教育为手段，帮助贫困家庭烧烫伤儿童进行爱心筹款、获得社会救助，为儿童公益事业贡献力量。项目的开展使医院在构建和谐医患关系方面做出了有益尝试，已成为医院志愿服务品牌活动，荣获湖南省

"雷锋杯"青年志愿服务项目品牌赛"百强项目",获湖南省青年志愿服务项目大赛银奖。

## 二、案例实施

2014年,第一附属医院团委启动"关爱烙印天使"项目。项目以贫困烧烫伤儿童及其家长为服务对象,在医疗救治的基础上,以爱心活动为载体,心理辅导、康复指导为推手,中医特色技术为补充,通过开展各类活动,让烧烫伤儿童处处感到温暖、体贴、平等和幸福,使他们重塑阳光心态、找回自信,健康成长。项目拥有一支108人的100%具有医学背景的志愿服务团队,其中烧烫伤专业医护技术人员31人,医务社工2人,心理学专业10人,医学专业博士、硕士研究生25人,医学本科生40人。自项目启动以来,广大志愿者积极参与,无私奉献,在繁忙的临床工作之余,利用自己的专业所长,采用各种形式为患儿及其家庭奉献爱心。

### (一)爱心陪伴,情感支持

举行烙印天使夏令营活动,通过"爱心义诊在身边""党旗照耀我成长""团队让我有力量""多彩世界我向上"等主题活动,让孩子们在湖南省博物馆了解湖湘历史,在烈士公园缅怀革命先烈,在贝拉小镇开展团队拓展训练,在野生动物园亲近自然,让孩子们能正视自己的伤痛,更加积极乐观地面对今后的人生。在六一、中秋、元旦等特定节假日开展"烙印天使——我来陪陪你"职工子弟暑期关爱烧烫伤儿童活动、"童心童梦欢乐六一""新年我的梦想在前方"游戏互动、"大手牵小手，新年志愿行"等活动，给予孩子正能量的引导和心理辅导，让孩子们重塑信心，扬起生活的希望。（图3-17、图3-18）

**图 3-17 烙印天使夏令营**

**图 3-18 "童心童梦欢乐六一"活动**

## （二）健康讲座，康复培训

患儿的康复始终是志愿者关注的重点。大家发挥所长，服务于行，举办"童心无痕、梦想成真"亲子课堂，加强儿童烧烫伤知识的普及，增强自我安全保护意识，提高自护自救能力；举办康复手法家长培训班，把小儿推拿、中医传统保健融入烧烫伤儿童身心健康服务项目中，进一步发挥中医药特色优势。病房还开设康复技能培训班，由专业的康复技师指导患儿，或是指导家长帮助患儿进行作业训练、关节活动训练、直立训练、行走训练等康复训练。

### （三）善款募集，医疗救助

作为天使妈妈慈善基金会"烙印天使"项目救治定点医院，第一附属医院发起"9.9公益日"爱心筹款、"春天行动"计划，接收多方社会资源为患儿筹集的爱心善款，为患儿向湖南省雅医基金会申请"萌芽计划"救助款，与湖南移动联合开展"捐废旧手机，筹爱心善款"活动，想方设法为贫困烧烫伤儿童进行爱心筹款。项目得到了湖南艺人谢娜、黄奕及芭莎公益慈善基金的关注和支持。

### （四）建档回访，持续关爱

项目建立健全通讯联络管理机制，建立"烙印天使"管理档案，建立天使微信群，专人管理，及时更新。实行长期一对一帮扶，每月专人回访，双向沟通，定期回访患儿创面情况、瘢痕愈合情况、功能恢复情况及社会心理状态等；督导出院后瘢痕愈合及功能康复锻炼实施情况；并录制视频，根据每个患儿的情况进行个体化指导，避免家属来回奔波，在家就可以接受专业指导。共计出院回访指导2000余人次。

## 三、工作成效

六年来，项目先后筹集爱心善款1000多万元，为300余名患儿提供志愿服务，志愿服务时间达13万余小时。

## （一）展风采

项目吸引了医院广大青年医务人员和医学生参与志愿活动，志愿者结合自身专业特点，立足新时代、展现新作为。形式多样的志愿活动帮助广大志愿者，特别是医学生树立服务意识，在实践中学会沟通、互助，从思想上和观念上进一步强化了"奉献、友爱、互助、进步"的志愿者精神。

## （二）广宣传

项目得到中央电视台、湖南卫视、湖南经视、湖南都市、湖南公共频道、政法频道、健康报、中国中医药报、湖南日报、中新网、新浪网等多家媒体的支持，对项目进行了400余次报道，得到了社会大众的广泛认可，活动影响力不断扩大。

## （三）建机制

项目不断创新帮扶理念，丰富帮扶载体，设立关爱"烙印天使"基金，与社会各基金会、爱心人士等广泛开展合作，建立长期合作关系，形成多方联动发力、多渠道经济保障的良性循环模式，确保了项目长期可持续发展的后发力和生命力。

## 四、工作经验与思考

### （一）志愿服务必须与群众需求相结合

进一步了解当前社会大众和患者的实际需求，针对性开展志愿服务，才能体现志愿者行动服务社会、奉献爱心的精神及志愿服务的价值和意义。

## （二）志愿服务必须围绕医院中心工作开展

青年志愿者活动是以"奉献、友爱、互助、进步"为宗旨的公益事业，也是医院精神文明建设的重要组成部分，医院团委要想方设法积极调动年轻一代，特别是90后团员青年的积极性，让他们投身于医院的中心工作，树立医务人员的良好形象，为推动医院的两个文明建设起到积极的作用。

## （三）志愿服务既要扶危济困，更要扶心扶志

志愿服务不但要关注服务群体的具体困境，帮助他们排忧解难，渡过难关，同时更要重视对服务群体的心志关怀和情感帮扶，要做到对患者的身心俱治，使他们深刻地感受到社会的温度和服务的力度，让志愿服务体现出更大的意义。

## 第四篇

# 以科研思维益火引领时代新人

中医学认为，火性炽热，升腾万物。高校思想政治工作应注重在开展科学研究过程中培养学生勇于探索、追求真理、团结协作的科学精神。本篇阐述了高校科研育人相关理论，并进行实践探索。6个案例紧跟时代节拍，鼓励师生在励志攻坚、至诚报国、敢为人先的科研文化和团队精神中成长，以科技之火点燃师生开拓创新的进取意识和严谨求实的科研作风。

# 第一节　高校科研育人理论研究

　　科研育人是我国高校十大育人体系中非常重要的一环，是新时代高等教育深化改革的关键课题。众所周知，高校承担着科学研究的重要职能，是国家创新体系的重要组成部分。当前，随着高校在国家科技创新体系中的地位的不断提升，科研能力业已成为高校人才培育方案的重要指标，也是"三全育人"机制落实的目标指向。[①]尤其是在国家实施科教兴国战略和人才强国战略背景下，高校理应把科研育人作为"三全育人"的重要抓手，以不断提升高等教育质量，实现创新型人才培养目标。

## 一、高校科研育人的科学内涵与时代意蕴

### （一）高校科研育人的科学内涵

　　**1. 科研育人的内涵**　科研育人作为以项目化运作的模式构建系统性和整体性的育人体系，具有丰富的内涵。[②]其中，科研育人中的科研，即科学研究，"是为了增进包括关于人类

① 梁军，尹贤彬．研究生"一体两翼"的三全育人机制实现路径［J］．桂林师范高等专科学校学报，2020, 34（03）: 99-102.
② 张亚光，曾丹旦．"三全育人"视域下高校科研育人探究［J］．学校党建与思想教育，2021（01）: 91-93.

文化和社会知识及利用这些知识去发明新的技术而进行的系统的创造性工作。"① 根据研究类型的不同，目前人们于理论上一般将科学研究分为三种基本类型：基础研究、应用研究和试验发展研究。

作为一种在自由探究中发现新知识或新技术的过程，科学研究的精神意蕴和道德价值内涵丰富，这其中，求真和创新是科学精神的本质所在②。所谓科学求真，是指科学以探究宇宙中存在的永恒秩序、发现自然的未知奥秘和人类社会中存在的普遍性、规律性认识为最终目的的探求真理的过程。所谓科学创新，是指科学研究是一个能动地发现和探索世界真相的过程，在科研活动中，要敢于发现问题，提出见解，创新产品，形成理论。事实上，科学精神的精髓并非在于它对原则问题毫无异议，而在于从来不是毫无异议；不在于固守驰名天下的公理，而在于不把任何东西视为理所当然。如果说自由探究是孕育科学发现和科学创新的土壤，主体意志能够自由表达是科学创新的基础，那么，理性的批判和质疑是求真和创新的必然要求。此外，科学探究的过程也是锤炼意志、成就研究者优秀品质的过程，如刻苦钻研的拼搏精神，不怕失败、愈挫愈勇的坚强意志，集体协作的团队精神等。

由于科学精神和科学道德既体现在科学发展的历史和文化积淀之中，更体现在研究者的行为、态度、情感和识别、判断及解决问题的方式方法之中。这类知识只可通过隐喻、模型、象征性语言等方式模糊地表达出来，在科学研究中的

① 张伟刚. 科研方法导论（第2版）[M]. 北京：科学出版社，2019.
② 中国人民大学马克思主义学院. 21世纪马克思主义理论研究的探索与创新 [M]. 北京：中国人民大学出版社，2016.

价值往往大于显性知识，只有在科研实践中通过个性化的经验来获取，也只有在自由社会中，人才能有所发现并且创造出文化价值。因此，科研是育人的一个重要载体。科研人员应该寓思想政治教育于科研实践之中，通过科研活动来培育学生正确的世界观、人生观、价值观并提高学生政治、思想素质及科研理想、科学道德和科学精神等。[①]

基于此，人们认为，所谓科研育人，就是指在科研实践中，教师及其团队围绕科研任务，在共同探索和发现未知的过程中实现科学精神的培育与传递以及科学道德的体验与生成的方式方法。[②]

**2. 高校科研育人的基本内涵**　高校科学研究职能与科研院所科学研究职能的最大区别在于高校科研不仅生产先进的科学知识和科学技术，还承担着科学精神和科学道德的培育。也就是说，高校科研育人不仅要培养学生的科研能力，还要塑造学生科研精神，提升学生科研品德。因此，高校科研始终是与科研育人紧密结合在一起的。

关于高校科研育人的研究，在国外可以追溯至十九世纪初期。伴随大学的诞生，高校科研的孕育便有了基石。1809年，洪堡提出"教学和科研的统一性"原则，主张将教学和科研形成"一种连续发展的统一体"。自此，科学研究成为大学的重要职能之一。同时，洪堡还提出了"由科学达至修养"的原则，认为"大学的根本原则是在最深入、最广泛的意义

---

① 羊守森.科研育人内涵、意义、路径研究［J］.南北桥，2019，（18）：12-13.
② 刘香菊，刘在洲.大学科研育人的价值意蕴与作用机理［J］.高等教育研究，2020，41(08)：73-81.

上培植科学，并使之服务于全民族的精神和道德教育"。<sup>①</sup>德国存在主义哲学家雅斯贝尔斯提出：大学的首要职能是科研，教学是其次。克拉克·克尔则认为：大学要为社会服务、以人才培养为中心和大学管理多元化。怀特海在《教育的目的》中提出：大学是实施教育的机构，也是进行研究的机构。克拉克·克尔指出"探求真理和学问是大学的核心价值"。

国内关于科研育人研究，最早的研究成果来自沈光权1988年发表的《浅谈高校科研育人》一文，文章指出："高校的科研工作一方面固然是为了出成果，而另一方而则是为了培养高级专门人才（包括教师的培养和提高）。科技研究工作无论对培育人才的道德素养方面还是业务素质方面都起着重要的作用。就前者而言，科学活动的最终目的是认识世界、改造世界、追求真理、造福人类。"之后，有学者提出，科研育人是一种有目标、有责任、有意识的教育引导行为，是培养大学生综合素质和创新能力的有效方式。<sup>②</sup>"科研育人的核心就是要以科学的思维方法（逻辑思维、辩证思维、异向思维、多元思维、质疑思维、发散思维、抽象思维、理论思维等等）培养学生的创新精神和创新能力。"<sup>③</sup>也有学者详细阐述了科研育人的具体内容，认为科研育人应该包括：科学报国的远大理想、求真求是的科学精神、良好的团队合作意识和严谨的科学道德。<sup>④</sup>

综上，高校科研育人主要是通过普及科学知识、弘扬

①[德]威廉·冯·洪堡.论柏林高等学术机构的内部和外部组织［M］.北京：中国社会科学出版社，1998.

②陆锦冲.高校科研育人：内涵·方向·途径［J］.高等农业教育，2012（09）：3-5.

③李淑清.教学育人、科研育人和教改育人［J］牡丹江师范学院学报（哲学社会科学版），2000（06）：78-82.

④李炎.试论高校科研育人［J］.山西科技，2018，33（05）：79-82+85.

科学精神、传播科学思想、倡导科学方法等，教育引导学生树立正确的政治方向、价值取向、学术导向，培养师生至诚报国的理想追求、敢为人先的科学精神、开拓创新的进取意识和严谨求实的科研作风，练就建设祖国、报效人民的过硬本领，自觉把爱国情、强国志、报国行融入国家和民族的事业中。

## （二）科研育人的时代意蕴

科研育人的提出，既是时代的呼唤，又是高校实施素质教育的必然要求。

科技是国家强盛之基，创新是民族进步之魂。科学的本质即是创新，而创新的关键在人才。高校既是新时代创新的驱动力，又是人才培养的摇篮。现阶段，中国特色社会主义进入了新时代。要真正实现中华民族伟大复兴的中国梦，迫切需要我们高校坚定不移地走创新发展之路，勇担科研育人这项伟大的使命。

我们党历来高度重视科学技术，重视科研育人。2015年1月，中共中央办公厅、国务院办公厅印发《关于进一步加强和改进新形势下高校宣传思想工作的意见》，提出要在"教书育人""管理育人"和"服务育人"的基础上新增"科研育人"和"实践育人"，形成"五育人"格局。由此，"科研育人"首次正式出现在中央关于高等教育的重要指导文件中，并且要求促进科教融合着力育人。2016年，在全国高校思想政治工作会议上，中央再次强调要坚持科研育人，指出科研育人是实现大学全方位育人的重要组成部分，也是科研教师义不容辞的责任。同年，《中国普通高校创新能力监测报告 2016》正式发布，指出：通过监测发现，我国普通高校科研育人取得新进展。2017 年 12 月，教育部颁发《高校思想政治工作质量提升工程实施纲要》，提出要"发挥科研育人功能，优化科研环节和程序，完善科研评价标准，改进学术评价方法，促进成果转化应用，引导师生树立正确的政治方向、价值取向、学术导向"。这一方针为高校全面提升科研育人质量，完善科研育人机制提供了思路。习近平将创新发展与国家前途命运紧密联系起来，对创新发展问题作出一系列重要论述，反复提出"要大力实施创新驱动发展战略，加快科技成果向现实生产力转化"，强调创新驱动发展是立足全局、面向未来的重大战略。2020 年 7 月，习近平在全国研究生教育大会上发表重要讲话，指出：教育在培养创新人才、提高创新能力、服务经济社会发展、推进国家治理体系和治理能力现代化方面具有重要作用。建设世界一流大学，目的在于为社会主义建设培养高水平拔尖创新人才。同年 9 月 11 日，习近平在主持召开科学家座谈会时提出：发展科学技术要"坚持面向世界科技前沿、面向经济主战场、面向国家重大需求、面向人民生命健康，不断向科学技术广度和深度进军"。习近平的这一重要论述不仅为未来科技创新指明了方向，同时也对广大科学家和科技工作者提出了殷切期望。

随着科技创新成为时代发展的重点，未来高校应着眼于"十四五"时期加快科技创新的迫切要求，把科研育人摆到更加突出的位置，尤其是要全方位深挖科研活动各个环节内在的育人元素和育人功能，整合育人资源，理顺育人逻辑，有机融合课内与课外、校内与校外、线上与线下，探索科研活动和价值塑造的有效融通，构建全方位协同育人平台。[①] 同时，高校在推进科研育人的实践中，要紧跟时代节拍，不断深化改革，全面优化科研育人环节和程序，完善科研育人评价机制，强化科研育人实施保障，促进科研成果转化应用，践行开放创新的精神，树牢服务社会的理想追求，倡导敢为人先的科学精神，打造科研育人提升新体系。[②] 做到科研中有育人，育人中有科研，着力将思想价值引领贯穿科学研究全过程包括科研选题、科研立项、项目研究及成果运用等，精心打造科研育人质量提升体系，最终促进高素质创新人才的培养。

## 二、高校科研育人的理论基础

### （一）马克思主义关于人的全面发展的学说

人的全面发展学说是马克思主义理论体系中一个十分重要的内容。马克思、恩格斯在《共产党宣言》中明确提出："每个人的自由发展是一切人自由发展的条件"。他们分别从哲学、政治经济学和科学社会主义的角度对人的全面发展进行了探讨。从哲学角度来说，人的全面发展符合人的本质需要和社会发展规律；从政治经济学角度来说，大工业生产要求人的全面发展；从科学社会主义的角度来说，人的全面发展是社会发展的目的本身，也是社会主义的基本原则和前提条件。作为马克思主义追求的最高价值目标，"人的自由全面发展"主要包括以下几个方面：人的全面发展是人的个性的

---

① 钟军，王雁，朱怀谦.新时代高校科研育人的运行机理及实现路径探究［J］.创新创业理论研究与实践，2020，3（13）：122-124.
② 陶霞.践行"科研育人"全力助推高质量人才培养［N］.光明日报，2019-09-27.

自由发展，其意是指不仅人的智力和文化素质，人的道德素质也应得到自由而均衡的发展；人的全面发展是全体社会成员的平等发展，它强调要根据个人兴趣和社会需要充分发展人的潜能；人的全面发展是人的需要的充分发展，不仅仅包括物质需要的发展，还包括精神生活中的各种需要的自由而充分的发展。

研究马克思主义人的全面发展理论我们不难发现，这一理论与高校科研育人有着不可分割的内在联系。

高等学校是培养高级专业人才的机构，根据马克思主义人的全面发展理论，高等学校首先要着眼于学生整体性、系统性与和谐性的全面发展。科研是一个重要的环节，甚至是和课堂教育同等重要的环节。高校科研面向前瞻性基础研究、关键共性技术、前沿引领技术和颠覆性技术创新，是发现知识的重要途径。大学科研育人所强调的正是大学教师寓思想道德教育于科研过程之中，通过科研活动，在提高学生科研能力和水平的同时，培育学生正确的世界观、人生观和价值观，提高学生的政治、思想与道德素质。马克思说："环境正是由人来改变的，而教育者本人一定是受教育的。"[1]

中国马克思主义继承和发展了马克思主义人的全面发展理论。1957年，毛泽东在《关于正确处理人民内部矛盾的问题》中，把人的全面发展具体化为"使受教育者在德育、智育、体育几方面都得到发展，成为有社会主义觉悟的有文化的劳动者。"之后，我国确立了德智体美劳全面发展的教育方针。2018年9月，习近平在全国教育大会的讲话中进一步提

---

① 马克思恩格斯全集［M］. 北京：人民出版社，1985.

出："培养德智体美劳全面发展的社会主义建设者和接班人"。深入贯彻党的教育方针，科研育人责无旁贷。

## （二）洪堡的科研育人观

科研育人的教育思想贯穿于洪堡教育思想的始终。可以说，洪堡的科研育人观为之后的科研育人指明了发展方向。洪堡认为，大学必须育人，大学的任务之一就是促进学生个性与道德的修养。洪堡指出，大学兼有双重任务：一是对科学的探求，一是个性与道德的修养。"由科学而达至修养"概括了大学的双重任务和这两个任务之间的内在关系，即大学的活动为从事科学研究，但其根本目标则是促进学生乃至民族的精神和道德修养，科学天然地适于修养的进行。[①] 这一理念本身对参与科研的师生是一种思想的引领和行为的规训，为大学科研育人作了厚重的铺垫，科研应该育人。其次，大学科研归根结底是为了培养人，洪堡认为，"凡是科研机构都要研究学术，当然在开展科研过程中也培养年轻人，但那是其衍生物，不是主要的任务。只有大学既要开展科研，又要培养人才，而且要用科研成果来培养人才。"[②] 高校科研不同于院所科研，院所科研更加注重研究的学术性，研究的目的是为了促进理论的发展和前沿领域技术的创新；而高校科研则同时具有学术性和教育性，研究的目的不仅是为了发展学术，更要通过科研进行育人，育人是其不可推卸的职责。在"由科研而达至修养"这一理论中，个人的修养所提供的是一

① 阎亚林.法学教育研究［M］.西安：陕西人民出版社，2006.
② 刘宝存.大学的本质在于求真育人——顾明远大学理想研究［J］.比较教育研究，2018，40（10）：13-19.

种"生活规范"，具备修养的国家公民是一个国家兴旺发达的基础和前提，个体自由的发展与修养的完善能够促进整个国家和社会的和谐发展，会更有益于国家的发展和社会的进步。也就是说，科研不仅能促进个人的自我发展与自我完善，对于社会、国家和人类的发展同样具有重要的意义。修养虽然建立在个人主义的原则之上，但从根本上与国家和民族的利益息息相关。科研育人是洪堡对大学科研的鲜明定位，为大学科研明确了方向、提出了目标。育人是大学科研的本质特征，也是科研育人重要的理论基石。

## （三）思想政治教育学

教书育人是指教师在专业教学过程中，通过学科渗透、师生互动和人格感染，引导学生树立正确的世界观、人生观和价值观，激发科学精神和创新意识，形成健康的心理和健全的人格，促进学生的全面发展，从而使学生成为适应社会发展所需要的"有理想、有道德、有文化、有纪律"的合格的专门人才。[①] 可见，科研育人渗透在思想政治教育的主体、介体和环体之中，贯穿在"全员、全方位、全过程"之中，科研育人在育人的主体、介体和环体中都有自己的责任，在人人育人、处处育人、时时育人中都能找到自己的位置，科研具有不可忽视的育人职责。可以说，教书育人理论为科研育人实践提供了行动指南。

综上所述，马克思主义关于人的全面发展学说、洪堡科研育人观中的"由科学而达至修养"，以及思想政治教育学中

---

① 邓莹.高职院校教师教书育人工作体系探究 -- 以巴音学院为例［J］.华章,2014,（12）:171.

的教书育人理论等，都是科研育人的重要理论基础。

近年来，高校不断完善科研育人评价机制，强化"科研的核心是育人"的共同认知，把"深化改革、刚化规范、优化结构、强化绩效"内部管理体制改革的总要求，贯穿于教师科学研究的全过程；[①] 培养大学生崇尚科学的理想信念，勇攀科学高峰的意志品质，科学严谨的学术作风；厚植科研育人理念，改变仅仅传授知识与技能的状况，树立正确的大学科研育人观，使科学精神和科学道德成为科研育人不可或缺的组成部分。

湖南中医药大学在科研育人的实践探索中，积极倡导把科研工作的最大目标落在科研育人的成效上，坚持打通"科研＋育人"的最后一公里，着力打造可转化、能推广、有实效的具有湖南中医药特色的科研育人模式，形成了科研育人的新格局。尤其是最近几年，学校积极开展系列颇具特色的科研育人活动，育人效果非常显著。这些活动主要包括：① 大学生辅助科研项目计划，即以教师指导、学生主导申报科研项目方式，引导本科生勇于自我突破、追求创新，提升学术与科研能力，培养创新意识与创新思维；②"杏林讲堂"系列讲座，精心设计医学教育、学术科技、中医药文化、创新创业等主题讲座，汲取名医名师求学行医经验，培养学生至诚报国的理想追求、开拓创新的进取意识；③"大健康"中医药创新创业大赛，激发学生创新创业兴趣，提升学生的创新创业能力，形成良好的创新创业氛围；④开设"卓越程序员"第二课堂活动，以学科竞赛为抓手，探索"信息技术

---

① 陶霞.践行"科研育人"全力助推高质量人才培养［N］.光明日报，2019-09-27.

＋中医药"人才培养特色模式，促进专业教育与创新创业教育融合；⑤"识百草博医源"野外实习活动，组织学生体味"神农尝百草"医学精神，开拓野外实习与理论学习相结合的教学模式，引导学生夯实专业、体悟自然、锤炼品格；⑥大学生中医药科普知识大赛，以牢固的专业基础和理论为依托，引导学生参加中医药文化科普公益活动，弘扬中医药文化，普及中医药知识，成为中医药科普知识的传播者，中医药文化的拥护者、传承者和开拓者。

总之，通过开展这些丰富多彩的科研活动，一方面，广大中医药学子深刻感受到了中医药为中华民族的繁衍生息发挥的重要作用。同时，学生还正确认识到发展中医药必须坚持传承精华、守正创新。今后，湖南中医药大学将不断优化科研环节和程序，完善科研评价标准，改进学术评价方法，促进成果转化应用，引导师生树立正确的政治方向、价值取向和学术导向。

# 第二节　高校科研育人实践探索

## 案例一　搭建科研桥梁　助推科研梦想
### ——大学生辅助科研项目进行计划

## 一、案例背景

　　创新人才是决定一个国家综合国力的重要因素。教育，特别是高等教育肩负着培养创新人才的重要使命。中共中央国务院《关于深化教育改革全面推进素质教育的决定》明确提出了以培养创新精神和实践能力为重点的全面发展的教育目标。《国家中长期教育改革和发展规划纲要（2010-2020年）》把"创新人才培养模式"列为重中之重，把"培养拔尖创新人才"作为核心任务，把"拔尖创新人才培养改革"作为教育重大改革试点，明确了着力培养一大批拔尖创新人才的教育改革发展目标。

大学生的科研创新能力包括具有创新意识和创新思维，运用创新技术的能力，创新成果的表现力。大学生科研训练是创新人才培养的有效途径和重要手段。湖南中医药大学从2012年起设立大学生辅助科研项目进行计划（简称助研计划），立足中医院校办学特点，突出个性化培养目标，以科研立项方式，大力引导本科生参与科研项目和科研课题的研究，提高本科生的学术和科研能力。通过几年的积极探索，形成了有效管理运行模式和管理方法，极大地激发了学生创新意识和创造性思维，使其创新能力和综合素质有了显著提高。

## 二、案例实施

助研计划以培养本科生实践动手能力、创新意识、创新能力和团队合作精神为主要目的。学生在课题负责人的指导下，参与课题研究工作，了解和掌握科学研究的基本方法和手段。（图4-1）

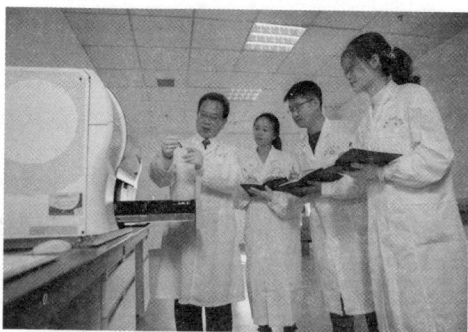

图 4-1　学生在老师指导下进行科研实验

## （一）管理机制

成立由分管校领导任组长，由科技处、团委、教务处、学生工作部（处）等部门负责人和有关专家为成员的助研计划领导小组，办公室设在科技处，负责科研课题遴选、助研计划业务指导；校团委、学生工作部（处）负责工作进展督导、综合考评、总结表彰、学分认定。大学生科学技术协会在科技处和校团委的指导下负责计划的指南发布、受理申请、组织面试、日常服务等具体工作。

## （二）参与范围

助研计划参与者包含两方面人员，一是愿意担任本科生科研训练指导老师的课题组成员；二是对创新性科学研究有浓厚兴趣，具备一定专业基础及动手实践能力，且学有余力的本科生。要求参与的本科生在项目开展期间为大二至大四（四年制本科为大二和大三年级）的在校学生。

## （三）实施细则

助研计划实行双向选择制，由课题组向科技处提出岗位及用人需求，大学生科学技术协会集中遴选和发布，学生根据自身情况选择岗位申报。实施过程中由校团委全程监管，以保障计划的顺利实施。

一是确定科研课题。明确要求学校厅级重点课题及以上科研课题，各类校企、政府合作类横向课题，原则上应提供1个以上的大学生助研计划岗位。岗位需求人数和素质要求由课题负责人向科技处申报备案。

二是遴选科研助理。大学生科学技术协会汇总助研计划岗位和人员素质需求，向全校学生发布，并组织申报。课题负责人、科技处、校团委联合专家组，对学生资格、申报意向等内容进行审查，审查后报各二级学院学生科、科教科备案。校团委、大学生科学技术协会组织课题组与参与项目的学生签订助研计划项目实施合同。

三是严格项目实施。遵循"注重过程、激励创新、学生自愿、择优支持"的原则，以及"过程监控、中期检查、中期淘汰"的运行机制，校团委指导大学生科学技术协会及时跟踪、检查项目实施情况，督促项目进度，对立项后无故不开展项目研究工作、未经批准擅自变更人员或研究项目、项目执行不力等情况者，视情节轻重可给予警告、中止计划项目的处理，必要时予以批评、通报批评处分。

四是规范科研训练。课题组老师在课题研究的过程中，充分考虑本科生的知识结构以及基础理论掌握程度、知识综合应用能力，给予学生资料查询、研究设计、实验操作、项目研究和结题报告撰写等科研能力的指导和培养。重点培养学生自我获取知识能力、应用知识进行综合设计能力、组织管理能力、获取科研数据和数据分析与应用能力、文字表达能力等。

五是实施项目奖励。每年度助研计划实施完成后，科技处、校团委将联合教务处、学生工作部（处）等相关部门对本年度计划完成情况进行综合考评，对表现优异的课题组和助研计划参与学生予以奖励。

## 二、工作成效

经过几年的探索与实践，湖南中医药大学不断完善助研计划的运行管理体系，形成了以服务教学和人才培养的科研、团学、教务一体联动、协调管理的体制，使助研计划的组织管理更为科学化、规范化、制度化。自助研计划实施以来，立项200余项，参加学生3000余人次。在助研计划的辐射带动下，学生踊跃参加各种科技创新和实践，取得了丰硕的创新实践成果。

### （一）提升学生的科研素养与创新能力

学生通过参加"助研计划"，在高水平专业教师指导下，在团队的配合支持下，学生创新思维和创新能力得到锻炼，学术视野不断拓宽，创新精神、科研能力与水平得到一定的提高，学校学生崇尚科学、乐于研究的科研氛围越来越浓厚。近五年来，本科生发表SCI、CSCD论文40余篇，授权国家发明专利1项、实用新型专利20项，有12个团队被立项为国家级创新创业团队，在大学生科技作品竞赛中获得60余项省级以上奖项。

### （二）促进教学与科研的融合

就教师而言，助研计划的实施有助于教学相长的实现，增强自身科研队伍的力量，还可从中选取或者推荐学术素养较高的学生进入课题组继续深造，进一步缩短培养周期。就学生而言，在经过系统的科研培训后，在文献检索与阅读、项目交流、论文撰写等方面能力有较大程度的提升；在课堂学习中，会进行进一步的深入思考，与教师实现更深层次的交流，通过交流有助于教师及时调整教学方式方法，增强教学效果。

### （三）促进创新型科研人才培养

助研计划的主要目的在于培养学生的创新能力和探索精神，同时在科研实践中锻炼团队合作能力，对挖掘学生潜能、提高其综合素质有着重要作用。助研计划实施过程中，通过教师与学生的科研互动，学生的科研能力得到提升，更培养了学生崇尚科学、坚持真理、勤于思索、勇于创新的品格，并在导师的言传身教下，严格恪守学术道德、维护学术尊严，以此促进学生人格和道德品质的健全。

## 四、工作经验与思考

### （一）学校的支持

助研计划是学校落实立德树人目标的重要内容，学校有关部门要有明确的认识，制定科学的方案，有效地将助研计划参与度作为学生综合考核的指标之一。同时，为了助研计划顺利实施，要进一步拓宽资金来源，提供充分的资金支持保障。

## （二）教师的观念

作为助研计划的主要参与者，教师要辩证地看待大学生参与研究工作，在看到弊端的同时也要关注其积极的一面。作为教师，要积极主动地参与到助研计划中来，在为学生提供科研平台和实践机会的同时，要将课堂知识与科研实践有效地结合起来，同时处理好科研与课程的关系，避免冲突。

## （三）学生的定位

一是要协调好学习与科研的关系。理论知识是基础，要学好书本知识。大学生能力的提升是以书本知识为前提条件的，助研应在理论学习之余进行，切不可在理论知识准备不足的情况下贸然参与助研计划开展科研实践活动。

二是要深化交流沟通。大学生的闲暇时间较为充裕，因此要充分利用好空闲时间来阅读文献、贮备知识。在阅读文献及思考中若有新的发现，应主动与老师交流，积极用实验去论证。

三是要提高综合素质。学生在条件允许的情况下，要积极参加大学生科技创新、挑战杯等多种科技类竞赛活动。通过实践活动，培养科研思维和创新精神，进一步提升综合素质。

要遵循中医药发展规律，传承精华，守正创新，加快推进中医药现代化、产业化，坚持中西医并重，推动中医药和西医药相互补充、协调发展，推动中医药事业和产业高质量发展，推动中医药走向世界，充分发挥中医药防病治病的独特优势和作用，为建设健康中国、实现中华民族伟大复兴的中国梦贡献力量。

——习近平总书记对中医药工作的重要指示（2019 年 10 月 25 日）

# 案例二 以赛促教 以赛促学 以赛促创
## ——"大健康"中医药创新创业大赛

## 一、案例背景

国务院《关于深化高等学校创新创业教育改革的实施意见》指出：高校创新创业教育快速发展，大学生创业热情高涨，要加快培养创新创业人才，持续激发高校学生创新创业热情，展示高校创新创业教育成果，搭建大学生创新创业项目与社会资源对接平台。《中医药发展战略规划纲要（2016—2030 年）》指出，实施中医药大健康产业科技创业者行动，促进中药一二三产业融合发展。中医药院校是中医药人才培养的摇篮，只有强化中医药院校创新创业教育，在传承中创新，在创新创业中育人，构建具有中医药特色的创新创业教育新体系，才能从源头上提升中医药产业科技创业的效率与质量。

为了推动中医药院校高等教育教学改革，加快培养中医药创新创业人才，持续激发中医药大学生创新创业热情，展示中医药创新创业教育成果，搭建中医药大学生创新创业项目与社会资源对接平台，作为一所中医药特色鲜明的高校，湖南中医药大学教务处和共青团湖南中医药大学委员会共同发起了"大健康"中医药创新创业大赛。通过举办大赛，激发学生对创新创业的兴趣，提升学生的创新创业能力，形成一种良好的创新创业氛围，最终形成广泛认同的创新创业教育理念，形成可复制、可推广的制度成果，普及创新创业教育。（图 4-2）

图 4-2 "中和大汉杯"中医药创新创业大赛

## 二、案例实施

"大健康"中医药创新创业大赛注重学校科学研究与行业

企业需求相结合，学校专任教师与企业导师相结合，师生科研项目与市场产业化相结合，学生实践动手能力培养与企业人才需求相结合，搭建了一个企业与学校、与学生、与项目交流合作的平台，推动一批有意义、有前景的中医药大健康创新项目孵化落地。

## （一）新方向，聚焦"大健康"主题

没有全民健康，就没有全面小康。《"健康中国2030"规划纲要》中提出要充分发挥中医药独特优势，提高中医药服务能力、发展中医养生保健治未病服务、推进中医药继承创新。大赛围绕"健康中国""大健康"的主题，将"中医药与学生创新创业"相结合，将全民健康理念与中医药行业有机融合，围绕中医药专业特色，要求参赛项目瞄准中医医疗服务、特色康复、健康养老、养生保健、中药栽培、新药研发、中药加工、中医药大数据与健康、中医药联合"互联网+"、中医药扶贫等中医药产业链条上的创新创业健康项目，既服务全民健康，又推动"大健康"行业快速发展，助力国民健康水平提高，宏扬传承中医药事业。

## （二）新选题，项目精准对接企业需求

为推动项目落地，学校加强校企合作，坚持以"企业感兴趣的方向、企业的需求"为导向，提前向省内外百余家中医药类行业企业征集技术需求、合作方向。围绕技术发展（中医药大健康产业生产、制作、研发等新技术成果转化）、行业创新（互联网＋中医药产业运营新模式）、产品创意（中医药产业产品包装、制作、文化创意）、人才培养（中医药健

康产业、中医药文化传播、中医药教育培养新模式）4 个方面征集需求和方向，并将企业需求作为大赛选题参考，确保参赛团队项目能够直接对接市场、对接企业，满足企业需求。

### （三）新机制，"双导师"确保项目落地

学校出台《湖南中医药大学创新创业导师管理办法》，建立企业导师库，每年聘请符合条件的新导师补充到导师库，不断加强企业导师队伍的建设。老百姓大药房连锁股份有限公司董事长谢子龙、百杏堂连锁名医馆总经理李林燊、广誉远中医健康管理公司董事长陈斌、湖南郴州神农蜂业有限责任公司董事长祖湘蒙等，都是项目的企业运营导师。

为避免项目仅仅为比赛而设立，在项目满足企业需求的基础上，学校为进入决赛的优秀项目配备"双导师"（专业导师＋企业导师）：专业导师为学校中医药专业的专任教师，提供技术理论支撑；企业导师由学校聘请校外的中医药行业成功企业家、创业成功人士、权威投资人等担任，为每个项目提供"一对一"的帮扶指导，使项目符合对接企业发展需求又能获得投资。"双导师"确保项目既有扎实的专业技术理论支撑，同时又用市场的眼光来分析学生"双创"的可行性，加速成果的转化，优质项目可直接与企业对接合作，实现校企双赢。

### （四）新合力，新媒体矩阵提升大赛影响力

大赛积极依托学校校网、电子显示屏及官微官博、大学生科协、团学小微微信公众号等传统媒体和新媒体宣传阵地，运用微信、QQ、微博等学生喜闻乐见的渠道，大力宣传大赛

的特色亮点；充分发动辅导员、班主任、专任教师、学生干部等，积极动员学生报名参赛。大赛开辟网上投票环节，在第一届大赛中，入围决赛的 24 个项目 7 天时间获 10 万多人次的网络投票。大赛还及时总结经验，挖掘先进典型，报道比赛开展情况，营造出良好的大赛氛围，扩大竞赛影响力。

## 三、工作成效

湖南中医药大学将大赛作为学生创新创业实训实践的最佳平台，近年来荣获创新创业国家级大赛奖励 100 余项，省级奖励 350 多项。

### （一）以赛促教，探索素质教育新途径

学校坚持以各类竞赛为载体，以就业指导课为依托，以创业基地为平台，将大学生"双创"教育纳入人才培养体系，先后成立了创新创业教育指导委员会、创业学院、创业指导中心、创新创业教研室及大学生创业协会等机构组织，新建了大学生创业园、创新创业实训室、创新创业咨询室等场地，以大赛为牵引，全面推进素质教育，切实提高学生的创新精神、创业意识和创新创业能力。

### （二）以赛促学，增强学生双创意识和能力

大赛的成功举办，使校园双创氛围浓厚，创业意识和理念逐渐深入学生心中，为创新创业教育的开展和实践探索打下了良好的基础。在参赛过程中，学生双创意识增强，双创能力明显提升，扎实的专业理论基础、良好的素质得到企业

的广泛认同，社会反响好。

### （三）以赛促创，涌现大量优质项目

大赛举办以来，共有 84 个项目参赛，得到湖南中和大汉健康产业运营管理有限公司 30 万元的经费资助。《杏林小笺中医文化传播工作室》项目与湖南中和大汉健康产业运营管理有限公司签订 200 万元的合作协议；《湖南东方之萃教育科技有限公司》项目与湖南四季康贝健康科技有限公司签订 100 万元的合作协议；《长沙小手印网络科技有限公司》项目与湖南加延华健康管理有限公司签订 50 万元的合作协议。

## 四、工作经验与思考

加强中医药院校的"双创"教育，是培养具有创新意识和实践能力的中医药人才的应有之义。结合当前学校创新创业教育与专业教育结合不紧；教师开展创新创业教育的意识和能力欠缺，教学方式方法单一；实践平台的作用发挥还不够，还不能完全满足中医药大健康产业发展需求的现状，我们应当从以下四个方面进行调整与强化。

一是更广泛。"双创"教育是学校自上而下、全员参与的工作，我们要革新教育理念，完善管理机制，搭建实践平台，落实保障措施，鼓励和支持更多的教师和学生参与到"双创"中，扩大"双创"教育覆盖面。

二是贴行业。在创新创业教育过程中，要融入学校本身的资源和特色，以大赛为载体，推出创新创业教育的中医药行业经验、行业特色，才能更好地发挥专长，体现优势。

三是强教育。要将思想政治教育融入创新创业教育，要以创新创业教育助推大学生专业知识的巩固，要促进创新创业教育与体育、美育、劳动教育紧密结合，构建德智体美劳"五育平台"，上好一堂最大的创新创业课。

四是再创新。要充分发挥中医药特长，广泛开展大学生创新活动；要充分融合社会热点、焦点问题，聚焦医疗服务、健康管理、康养保健、体育健身、营养膳食、互联网＋、健康扶贫等健康项目，使教有所成，学有所用，有效推动中医药科研成果转化应用，服务中医药行业创新发展。

> **习语**
>
> 要充分发挥青年的创造精神，勇于开拓实践，勇于探索真理，养成历史思维、辩证思维、系统思维、创新思维的习惯，终身受用。
>
> ——习近平总书记在中国政法大学考察时的讲话，2017年5月3日，《人民日报》2017年5月4日

## 案例三　名师名医名家开讲
### ——大学生科学技术协会"杏林讲坛"系列讲座

### 一、案例背景

充分发挥校园活动的育人功能、提升思想政治工作质量

是当前深化"三全育人"工作的重要内涵。共青团湖南中医药大学委员会通过逐渐加大学术活动在学生活动中的比重来引导和营造校园学术氛围,用第二课堂反哺第一课堂,将思想引领融入校园课余生活。经过精心设计,认真筹备,"杏林讲坛"系列讲座整合校园讲座应运而生。从2012年5月开办至今,"杏林讲坛"系列讲座在校内累计举办80场,吸引超过4万人次的同学到场学习。经过学校团委多年的坚持不懈、精益求精、逐步完善,"杏林讲坛"系列讲座已成为湖南中医药大学精品学术讲座之一,是广大学子激励人生的第二课堂。

## 二、案例实施

"杏林讲坛"系列讲座由校团委指导大学生科学技术协会主办,以医学教育、学术科技、中医药文化、创新创业为主要内容,定期在校区举办。多年来,校团委对每场讲座,在会场上精心布置,在组织上专心策划,在宣传上用心安排,已将讲座打造成多方位、高规格、广覆盖的精品项目。

### (一)以学生需求为导向,讲座内容丰富、形式多样

校团委紧跟学校"传承与创新相结合、学术与艺术相结合、校园与文化相结合、理论与实践相结合"的原则,积极构建高品位、高水准、社会化、开放式、互动型的校园讲座新格局。"杏林讲坛"系列讲座自开展以来,在讲座主讲人和主题上精心把关,力求内容丰富,形式多样,学生喜爱。8年来,"杏林讲坛"系列讲座不断挖掘选题内容和范围,主讲人百花齐放、博采众长,先后有国医大师刘祖贻、孙光荣、

熊继柏，国家"万人计划"教学名师常小荣，全国优秀教师卢芳国，全国人大代表张涤，全国名老中医药专家学术经验继承工作指导老师程丑夫、陈新宇，湖南省政府文史研究馆终身馆员彭坚等著名学者、医学领域知名人士担任主讲。讲座以名人号召力、活动品牌力、知识传播力相结合，吸引广大学生参与学术讲座，倡导"人心向学"，全方位为"德才兼备"的湖南中医药大学人才培养目标提供丰富的学术文化氛围。（图4-3）

图4-3　国医大师熊继柏开讲

## （二）打破常规，创新讲座展现形式

"杏林讲坛"在讲座展现形式上突破常规，不拘一格。凡是学生喜闻乐见又能充分体现和宣传中医药文化、新医科、新工科的内容，都可以在此平台上展现。一是改变以往讲座"站着讲、坐着听"的传统模式，创新性地将极具"传统范"的针灸推拿手法学习，洋溢着"时尚范"的药食同源研发，浓浓"科技范"的仪器设备操作等，原汁原味地搬上"杏林讲坛"。二是打破传统的"一人一讲"，开设"专题专场"，邀请湖湘名医名师以"中医传承"为主题进行讲授，围绕四大经典，围绕中医临床，连续讲授 10 期，受到学生的广泛好评。

### （三）多方式、多手段宣传，提升品牌影响力

为更好地提高"杏林讲坛"知名度，塑造"杏林讲坛"活动影响力，校团委、大学生科学技术协会对"杏林讲坛"进行了多渠道、多维度的宣传和报道。主办者收集嘉宾信息，把握讲座特点，制作横幅、海报、展架等宣传品，于讲座一周前在学校图书馆、宣传栏进行宣传。讲座开始前 5 天，利用官方网站、微信公众号、微博等新媒体手段，不断向学生推送讲堂预告、活动内容、参与方式等信息，对讲座主题相关性强的院系、学生组织进行重点宣传。通过问卷调查等方式，向学生征询譬如"您最想听到的一堂课""我为讲堂支个招"等意见和建议，从中得到开展活动的灵感和主题，在增强学生参与感的同时，不断提高学生的参与兴趣，提升讲座品牌影响力。

### （四）积极联合学院力量，探索创新模式

在保持讲座品质不断提升的基础上，"杏林讲坛"积极创新活动机制，鼓励和联合二级学院参与到活动中来。利用二级学院的优秀学术资源，不断丰富和提高讲座水平，也一定程度缓解了校团委经费不足带来的运行压力。校院联合模式扩大了院系资源覆盖面和学术代表性，实现了上下联动，资源交互链接，使讲座在宣传线、覆盖面上实现全面扩张。

# 三、工作成效

"杏林讲坛"项目已在湖南中医药大学实施多年，该项目全面丰富了学生的第二课堂，以学术讲堂来分享名医名师的精湛医术、行医经验，以及平时学习的体会和感悟，让青年学子零距离感受名医名师名家的学术思想和学术风范，以此培养学生至诚报国的理想追求、敢为人先的科学精神、开拓创新的进取意识和严谨求实的科研作风。（图4-4）

图4-4 杏林讲坛

## （一）构建了四位一体的校园讲座体系

"杏林讲坛"整合了繁杂的学生讲坛，目前由四个分论坛统筹推进学生课外校园讲座活动，分别是"科研讲堂""国医大讲堂""校友讲堂""创新创业讲堂"。"杏林讲坛"内容丰富、形式多样、体系科学，全面满足了学生对校园讲座的内容需求，品牌影响力不断提升，是深受学生喜欢的讲座品牌。

## （二）推进了全程立体的讲座工作管理

"杏林讲坛"项目从人员邀请、内容审批、讲座发布、总结反馈等方面建立了全过程、全方位的工作管理机制，并利用易班、抖音、微信公众号、微博等自媒体平台，建设了一个涵盖讲座发布、活动报名、新闻通告、在线交流、内容介绍等多项功能全方位多元化的育人平台。借助于科学高效的工作管理，有力地提升了"杏林讲坛"的育人实效。

## （三）深化了协同联动的讲座活动组织

"杏林讲坛"项目四个分论坛根据内容的区别和职能的归属，由校团委指导大学生科学技术协会，分别在科技处、教务处、招生就业处、校友会协同下组织开展。各部门在讲座组织、活动开展、总结完善等方面合作联动，统筹推进了"杏林讲坛"活动的实施。活动后，校团委负责讲座活动的内容整理，留存每期讲坛的讲演文字记录，做好相关的反馈和总结。

# 四、工作经验与思考

项目在长期坚持过程中，必然会遇到各种各样问题与需要解决的事件，对此我们有以下几个工作思考：

## （一）完善工作管理，构建协同联动机制

基于已有的工作传统，进一步完善讲座体系，明确各部门工作组织职责，建立"杏林讲坛"活动组织领导小组，统

筹推进各个分讲坛的组织实施。充分发挥学校资源优势，通过委托承办的方式，丰富讲坛内容供给。深化线上线下的联合互动，大力拓展育人活动的覆盖范围。通过部门学院、线上线下有效的协同联动，全面提高工作效率和育人实效。

## （二）加强总结反馈，构建持续改进机制

深入做好每期讲坛的采样调查及心得感悟的征集，根据学生的意见反馈，做好工作论证，从讲坛主题、主讲嘉宾、组织形式等多个方面不断完善改进，切实回应工作对象的主体诉求。创新活动形式，充分利用网络信息技术，实现"杏林讲坛"线上线下的协同开展，以学生喜闻乐见的内容和形式推进育人工作，从而提升"杏林讲坛"育人的感染力和实效性。

## （三）凝练品牌特色，构建推广示范机制

全面对标思想政治工作精品的建设标准，努力开展项目建设。从育人形式、组织实施等多个方面开展品牌化建设，继承和发扬传统特色，通过校际交流合作、编写"杏林讲坛"演讲实录等方式，积极开展推广示范。及时做好媒体宣传，为"杏林讲坛"项目打造和推广示范提供有力的工作支撑。

在全面建设社会主义现代化国家新征程上，同学们将是接过历史接力棒的主力军。希望大家不负时代重托，不负青春韶华，勤奋学习，树立正确的世界观、人生观、价值观，走好人生道路，为实现第二个百年奋斗目标、实现中华民族伟大复兴的中国梦奉献自己的智慧和力量。

——习近平总书记在考察湖南大学岳麓书院时的重要讲话（2020 年 9 月 17 日）

# 案例四　学中赛　赛中学
## ——信息科学与工程学院团委"卓越程序员"第二课堂活动

## 一、案例背景

随着我国经济社会发展进入新常态，党中央、国务院作出加快实施创新驱动发展战略、建设创新型国家的重大决策。从中央到教育系统，全面深入开展创新创业教育改革已形成共识。湖南中医药大学信息科学与工程学院积极适应新技术、新业态、新模式，围绕大学"新信息学科崛起"发展战略，提出"宽口径、厚基础、强能力"高级应用型人才培养目标，以学科竞赛为抓手，走出了一条"信息技术＋中医药"的"新工科"人才培养特色路子。2015 年以来，学院获国家级及省部级学科竞赛奖 150 多项，其中国家级学科竞赛一等奖 7 项，省部级学科竞赛一等奖 30 多项，学生参与第二课堂的积极性明显提高，学院创新创业活动蓬勃发展，就业形势乐观。（图 4-5）

图 4-5　学院项目获中国大学生服务外包创业大赛一等奖

## 二、主要做法

为落实学院"以赛促学，引领学生全面发展"的指导思想，学院团委坚持"以学生为本、以专业为基础、以服务为支撑、以项目为载体"的建设理念，启动了"卓越程序员"第二课堂活动。活动积极落实《湖南中医药大学学科竞赛实施细则》，从组织架构、竞赛过程、经费管理等各个方面进行顶层设计，强力推行融专业教育与创新创业教育于一体的教育理念，邀请学院领导和专业教师担任"卓越程序员"的指导老师，充分发挥学科竞赛引擎作用，点燃师生创新的动力，用学科竞赛激发学生创新活力，增强学生学以致用、学有所成、学有所得的专业认同感。

## （一）自主申报，招募学员

"卓越程序员"第二课堂活动在学院党委领导下，学院团委联合学生科和学院各教研室共同开展，下设培训组、技术组、宣传组和竞赛组。活动采取自愿报名的形式，主要面向本学院各专业学生，也允许其他学院不同专业学生跨专业、跨年级报名。指导老师对报名学生进行专业水平和实践能力考察，择优选录。活动采用指导老师统一规划、分层教育、以赛代训模式。

## （二）开放课堂，加强实训

在不影响教学和科研工作的前提下，学院覆盖计算机应用技术、媒体软件技术所有设备的300平方米专业实验室全部向"卓越程序员"的学员免费开放。指导老师按照企业项目开发团队的模式对学员进行分组，每个月末以小组为单位进行实训，完成可行性研究、需求分析、系统设计、编码实现、系统测试等企业级项目开发的全部流程培训，最后通过项目答辩的方式完成软件系统验收。（图4-6）

**图4-6　模拟训练**

## （三）校企合作，协同育人

活动邀请企业技术顾问、行业专家、教学名师定期开展讲座及座谈，针对计算机专业技术热点、行业需求及技术创新的内容，面向学员进行分享，让学员看到创新的过程及产生的价值，感受企业的创造和创新氛围，激发学生的创新热情。

## （四）以赛代训，以赛促学

学院团委搭建计算机专业的竞赛平台，组织"卓越程序员"学员参加。竞赛题目根据学生当前能力，采用优化重构的各级大赛真题，分为个人赛和团体赛。通过比赛，进一步考察学员任务目标的完成情况和团队合作精神，并开展优中选优重点培养，组建参赛队代表学校参加"互联网+""挑战杯""中国软件杯"、中国大学生服务外包创新创业大赛、中国大学生计算机设计大赛等各种大赛。（图4-7、图4-8）

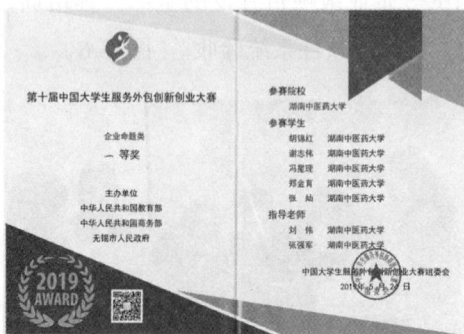

图4-7　学校荣获第十届中国大学生服务外包创新创业大赛一等奖

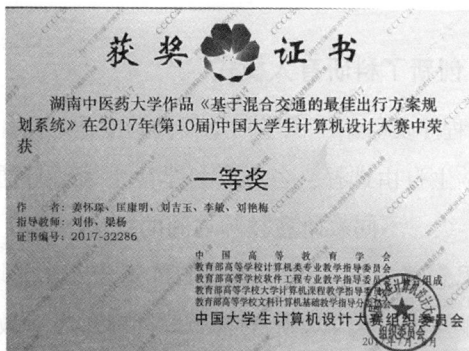

**图 4-8　学校荣获第十届中国大学生计算机设计大赛一等奖**

学院团委为每支参赛队配备专业指导老师，指导参赛队员查阅历届参赛获奖作品，查找相关研究领域的内容，对以往作品进行深层次的剖析，研究如何推陈出新，从其他角度及方向确定参赛选题。学生在参加各类大赛中获得宝贵的模拟创业经历，团队协作、沟通交流和组织管理能力得到进一步锻炼，职业素质和创新创业的能力得到提高。

## 三、工作成效

"卓越程序员"第二课堂活动瞄准信息科学与工程学院"以学科竞赛推动学科发展"的新目标，为学生搭建参赛平台，尝试建立教研一体、学研相济、产教相融的协同育人机制，不断提高大学生创新能力。短短五年，学院学科竞赛成绩突飞猛进，从"一枝独放"向多学科、多专业爆发，参赛人员从"个别少数"发展成"全员参加"。

## （一）创新了科研育人模式

"卓越程序员"第二课堂活动面向跨专业、跨年级的各类学生，由学生自由选择，各类学科学生汇聚，打通了不同专业、不同年级、不同教研室教师之间的壁垒，营造了跨学科、跨领域的思想碰撞，不仅符合新工科复合人才的培养特点，也在思维碰撞中扩大了学生的视野。同时，专业教师们寓教于研，既开展学术研究，又实施思想引领，有目的、有意识地培养大学生实事求是、坚持真理的科学态度和严谨踏实的治学精神。

## （二）拓宽了科研育人途径

通过参加活动，学生找到了自己感兴趣的学习领域，有了明确的研究目标，踊跃报名参加工作室、竞赛团队和申请开放实训室。活动有效地调动了学生自主学习的积极性，增强了自主钻研的动力，更开阔了视野，拓展了发散思维，增强了创新的能力和意识。

## （三）深度关联学生就业

"卓越程序员"第二课堂活动组织学生积极参赛，不仅提高了人才培养质量，也使用人企业、医药单位全面了解参赛学生的学习情况和思维能力，实现了用人单位与毕业生之间的无缝对接，畅通了学生就业渠道。翻看近三年的就业档案，信息科学与工程学院计算机科学与技术专业学生凭借高考（保）研率、高就业率、高薪酬成为学校的就业"明星"专业。

# 四、工作经验与思考

## （一）探索产教融合新合作模式

活动要多争取与企业、科研院所的合作，争取将科研平台、行业、企业的各类项目融入活动实践中，充分利用专业建设的软硬件资源，助力学生开展实时真实项目练习，培训学生的实践能力，缩短学生与企业的距离，提前积累经验。

## （二）建设"双师型"教师团队

计算机科学与技术专业的大赛具有实用性和操作性强的特点，对相关学科综合技能要求较高，因此对指导教师提出更高的要求。专业教师不仅仅应是理论知识扎实、技能操作熟练的教学能手，同样也应是具备实际工作经验的技术工程师，这就要求指导老师要随时保持与企业间的沟通，深入企业实践，学习工作技能。

## （三）拓展课外教育形式

"卓越程序员"第二课堂活动是第一课堂的补充。我们要创新活动的人才培养模式，推动信息科学与中医药学深度融合，用现代化技术为中医药发展赋能，促进中医药实现创造性转化和创新性发展。

要笃实，扎扎实实干事，踏踏实实做人。道不可坐论，德不能空谈。于实处用力，从知行合一上下功夫，核心价值观才能内化为人们的精神追求，外化为人们的自觉行动。

——习近平总书记在北京大学师生座谈会上的讲话（2014年5月4日）

# 案例五 以知促行 以行求知

## ——药学院"识百草博医源"野外实习活动

## 一、案例背景

《高等学校本科教学质量与教学改革工程》将实践教学与人才培养模式改革创新列为重点建设的六个项目之一，明确要求高等院校要积极创新药学实践教学体系，加强实践能力培养平台建设，加强以二级学科为基础的宽口径实践教学平台建设，加强对学生实践的管理和考核。[①]湖南中医药大学药学院多年来将实践教学任务与学校人才培养目标相结合，注重理论知识传授与实践技能锻炼，坚持长期开设《药用植物学》野外实习教学，让学生在田间山头认识中草药，在乡间田野中进行课堂教学，通过野外实践夯实专业、体悟自然、

高等中医药院校思想政治工作理论和实践探索

---

① 黄宝康，高越，柴逸峰，等.药学专业野外实践教学基地建设［J］.西北医学教育，2009，17（6）：1081-1082.

锤炼品格。

## 二、案例实施

要成为新时代的中医药事业继承者，就必须学习体悟神农、李时珍"遍尝百草""穷搜博采"的精神。野外实习作为药学院的教学传统，至今已有40余年的历史。每年暑假期间，专业教师带领学生前往桃江、衡山、浏阳大围山等教学实习基地，开展为期14天的野外实习，这是学生实践能力培养的重要环节。野外实习是理论和实践的最佳结合，既能使学生获取知识，掌握技能，又能提高其综合素质。

### （一）细化小组分工

实习之前，同学们自由选择分成若干学习小组，由组长对组内人员进行分工。小组实行分工负责制，组内分工一旦确定，将对自己的工作负责到底。野外分工职责一般由采集、摄像、记录、包装背负等具体工作组成，学生在组内根据自身兴趣特点自行安排，由组长协调。分组后形成"实习分组责任表"，记录各自工作过程。这样的组织安排，人员宜分宜合，方便调度，最大限度使整体教学安排能够直接影响到个人。学院按照15名学生配备1名老师的比例提前安排指导老师。

### （二）召开实习动员

一是野外实训负责人介绍《湖南中医药大学关于大围山野外实习管理规定》《湖南中医药大学药学院野外教学计划》，

全面阐述野外实训目的意义、实践安排，着重强调安全注意事项，要求学生在实习工作中加强组织纪律性，提高安全防范意识。同时指导学生准备好防蚊虫叮咬、治疗跌打损伤等必备药品，以及采药工具、照相机、工具书等装备。

二是专业教师运用超星、慕课等中医药视频资源，通过中医药经典讲解、中药材辨别、药性与运用方法展示，有效衔接野外实习实践运用，激发学生学习兴趣，更激发学生求知欲望，让学生带着专业疑惑、专业思考去野外实习。

## （二）强化教学策略

戴草帽、穿雨鞋，学生们在老师的带领下每天在山地、树林、河畔搜寻各种植物。采摘完植物标本后，在老师们的指导下对照植物形态，借助手机、电脑、中国在线植物志等手段，查植物、定种、挂标本、写总结，并进行拍照、备注、存档，建立私人植物数据库。"早睡早起不吵闹，三餐定点不迟到。草帽工具要带好，植物特征要记牢。山崖塘边别紧靠，出发归来人别少。发生纠纷莫争吵，人身安全最重要。争当认药小能手，互帮互助共提高。"药学院周日宝教授为学生们编写了野外实习"七十字方针"。

## （三）特色活动开展

教学内容丰富、方法灵活，才能在野外实习期间让学生轻松学习。特色活动包括召开主题班会进行中药口诀、歌谣、民谚、俗语、故事大比拼；组织雨中小课堂，将手机里的植物照片上传到学习网络群，投影播放并由老师进行专业讲解；组织植物腊叶标本和浸制标本制作评比，挑选优秀作品作为返校后标本巡回展览作品。丰富多彩的活动不仅使学生的动手能力得到较快的提高，又活跃了学生思维，激发了学习兴趣，更好地达到了教学目标的要求。（图4-9、图4-10）

图4-9　雨中小课堂

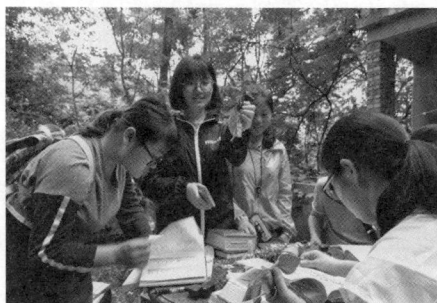

图4-10　标本制作

## （四）学习效果考核

在采药过程中，带教老师会不定期考察、检验学生知识掌握程度、学习态度；返回实习基地后会将全部中药集中展示，要求学生一一辨认并对结果作出评价；最后会根据学生制作的药材标本和提交的实习报告，所在小组全体成员在实习过程中的表现、所取得的成绩及所反映出的情感、态度、策略等方面作出综合评价。综合、多元的考核方式既需要学生个人认真努力，又要组内所有成员合作努力，大幅提高了学生的学习热情，培养了学生团结协作精神。

## 三、工作成效

野外实习让书本知识变得鲜活起来，理论与实践相结合的教学方式，极大地激发了学生们的学习热情，极大地提高了学生独立检索、鉴定药用植物基源、植物资源调查的能力，加深和拓展了课堂教学内容。野外实习过程中，以学生为主体，教师进行引导，教师和学生回归自然，在和谐、平等的气氛中，学生们士气高涨，学习积极性很高，一方面可以感受祖国山河的壮丽，厚植爱国情怀，又培养热爱自然、保护生态环境的意识，还可进一步激发学生发现、探索问题的能力，培养吃苦耐劳和团结协作的精神，并充分发挥学生的能动性，在调查、观察、分析、应用等科研工作程序中，促进学生科研创新能力的提升。

## 四、工作经验与思考

教育部《关于全面提高高等教育质量的若干意见》指出："全面实施素质教育，把促进人的全面发展和适应社会需要作为衡量人才培养水平的根本标准"。尽管药学院《药用植物学》野外实习教学经过多年的教学实践，积累了一定的经验，但随着时代的发展、学情的变化和社会需求的提高，野外实习教学仍需要进行不断改革。

一是增强学生参与感。野外实习如果组织不好，很容易流于观光形式。故在实习实施过程中，我们要思考如何贴近学生，并在活动形式、活动内容、考核方式等方面不断改良与探索，让学生真正能在实践中领悟"三千世界本无穷，失之毫厘谬以千里，唯有实践出真知"的道理，在野外实习中寻真知、长才干。

二是加强教师队伍建设。野外实习教学的指导，不仅要求老师具有深厚的知识功底，而且需要全面的实操能力，同时要求指导老师要按照习近平总书记对思政课教师提出的"六要"标准，涵养"研之足以服人、教之足以化人、行之足以示人"的人格魅力，用教师人格魅力之光照亮学生，激发其进行研究性学习的内生动力。

三是加强环境保护意识。在野外实习教学中，药用植物采集和标本制作是实习中的一项基本任务，也是要求每个学生必须掌握的技能之一。野外实习中，学生缺少资源保护意识，往往出现随意采集、随意丢弃的现象。故要强化学生环保意识，鼓励学生将信息手段用于实习实践学习。

## 案例六　传播中医药声音　讲好中医药故事
### ——大学生中医药科普知识大赛

### 一、案例背景

中医药科普工作是我国卫生事业的重要组成部分。2007
年 7 月 7 日，"中医中药中国行"大型科普宣传活动启动仪式
在北京中华世纪坛举行，这标志着全国性大型中医药科普宣
传活动拉开了帷幕，中医药以前所未有的方式轰轰烈烈地走
向社区、农村，走向厂矿、军营，走进亿万百姓的心坎里。①

2019 年，《中共中央国务院关于促进中医药传承创新发
展的意见》指出，强化中医药在疾病预防中的作用；结合实

① 于蔚洁.关于中医药科普的几点思考［J］.现代医学与健康研究，2018，（02）：123.

施健康中国行动，促进中医治未病健康工程升级；大力普及中医养生保健知识和太极拳、健身气功（如八段锦）等养生保健方法；推广体现中医治未病理念的健康工作和生活方式。

为搭建中医药健康文化传播平台，动员和激励广大学生参与科普作品创作，提高大学生创新能力，促进科学思想、科学精神、科学方法和科学知识的传播和普及，湖南中医药大学从 2013 年起开展大学生中医药科普知识大赛，坚持"以赛促宣"的方式，激发广大大学生的科普创作源头活力，加大中医药科普宣传力度，增强中医药文化自信，增进广大人民群众对中医药的认识和了解，营造中医药事业发展的良好氛围。

## 二、案例实施

中医药科普知识大赛由湖南中医药大学科技处、共青团湖南中医药大学委员会共同指导大学生科学技术协会组织开展。大赛将药膳知识普及、中医养生推广、中药炮制方法、中医传统功法、针灸推拿按摩、中医心理治疗、中医美容美体、中医亚健康防治等作为大赛内容，通过科普读物、科普绘本、科普文章、科普视频、科普展板等比赛形式，推进中医药惠及千家万户，为大众健康服务。通过长期的坚持，该项目在组织形式、内容设置等方面逐步形成了一个稳定的模式。

### （一）科普读物比赛

分为科普绘本及科普文章两种。科普绘本以绘图为主，文字为辅，针对社会大众及时事需求，以连环画、动画故事集等绘本形式表现中医科学知识。科普文章以文字为主，绘图为辅，针对社会大众及时事需求，以生动形象、通俗易懂的语言表现科学内容。

## （二）科普视频比赛

以视频的形式解读中医药知识，可以演示功法操作，可以介绍参赛主题内容，要求以音频、视频为主，配以文字说明。视频要求音频清晰、画面清楚、主题明确、播放流畅、设计精美。

## （三）科普展板比赛

展板内容须紧扣主题，内容积极健康，具有传播价值，版面设计具有创意，设计元素贴合受众需求。

## （四）科普讲座比赛

要求参赛选手围绕大赛任意一个主题，在15分钟内集中对主题展开论述，需要配以PPT进行宣讲。

## （五）知识大赛展示

通过前期校内比赛，形成各类奖项后，再打通中小幼各类校园、社区、乡村，通过展示方式进行最终评选。该方式有利于在服务社会的同时，听到民众及学生的反馈，更利于中医药科普知识的推广。

## 三、工作成效

中医药科普知识大赛的开展，可引导广大中医学子积极参与中医药文化科普公益性活动，弘扬中医药文化，普及中医药知识，不断满足人民群众对中医药知识的需求。来自不同学院、不同年级、不同专业背景的同学们积极参加大赛，大赛优秀作品成为"中医药科普知识进社区"志愿服务活动的宣传和展示内容。

### （一）专业思想的巩固

在活动中，学生从比赛的准备阶段到后期作品进入志愿服务，通过中医药文化的宣传推广，深入学习和运用了中医药专业知识，让学生在一次次作品打磨、作品呈现中，感受到中医药悠久的历史、深厚的文化和良好的疗效，进而更加热爱中医药文化，加强了对专业的认可度，激发了对学习专业知识的积极性，更加巩固了专业思想。活动在一定程度上引导广大中医药学子立志实现从中医药科普知识的传播者到中医药文化的拥护者的转变，最后成为一名中医药宝库的开拓者和践行者。

### （二）一个品牌的形成

如何做好一种文化的传播，如何落实科研育人的目的，这是该项目实施的关键。利用一个赛事，普及一种文化，遵循中医药文化为人民服务的宗旨，寻找一种可操作性强、与专业结合度高、受人民群众欢迎且可持续开展的活动项目，是这个项目的设计初衷。该项目已经过近十年的发展，积累了大量素材，已形成一个长期的品牌项目。

## 四、工作经验与思考

### （一）学以致用

比赛形式各异，要想做出一定的特色，必须要结合中医药这个大的学科背景和特点；依托专业优势，才能广泛调动青年学生的积极性，同时又实现科研育人的目的。没有牢固的基础和理论作为依托，无法真正走入科研；没有把学生的主观能动性调动起来，也无法做好创新。这两者缺一不可，相辅相成。同时，我们还要通过比赛和志愿服务两者结合的方式，让青年学生在活动中促进专业学习，得到各个专业教师的指导和支持，动员各学科力量交叉学习，开拓思维，让育人润物细无声。

### （二）项目品牌化

大赛的理念及活动开展方式是否切实可行，如何让比赛常态化，形成规模，形成品牌，是组织者需要思考的问题。除了建立一套体系，完善一个制度，还需要不断地推敲细节、形成流程。另外一个重要的方面是持之以恒，坚持做好一件事情，通过长期坚持可以产生持久性的、意想不到的效果。品牌化，顾名思义就是长期化，形成一个良性机制。

### （三）加强推广力度

中医药科普知识传播须打破传统围墙，不仅要"墙内开花墙外香"，扩大中医药知识的普及范围和受众人群；而且要"墙内开花墙内也香"，让广大学生处处感受中医药文化，了解中医药常识。在接下来的活动开展中，我们要用更丰富的活动形式，让中医药科普知识走出"深闺"，走进老百姓的家中，走进人群集中的社区，走进厂矿、企业和学校，为群众带去正确的中医药科普知识，激发其对中医药的兴趣，这对中医药发展具有长远的意义。

第五篇

# 以精细管理培土服务时代新人

中医学认为，土性敦厚，承载万物。新形势下，高校学生工作对青年的吸引力和凝聚力需用精细管理和精准服务来承载。本篇对高校服务育人进行了理论研究和实践探索，5个案例聚焦青年学生生活困惑、成长短板、发展瓶颈，不断提升凝聚青年、服务青年的水平，以沃管理之土，筑服务之基，打造青年学生身边的贴心校园、活力校园。

# 第一节　高校服务育人理论研究

服务育人是学校德育工作的重要组成部分，是扎根中国大地办教育的重要途径。充分发挥服务部门的育人功能，不断优化协同育人机制，创新思想政治教育融入日常服务工作全过程，是高校思想政治教育"隐性教育"的重要载体，是提升高校思想政治工作质量的重要环节，也是落实落细立德树人根本任务的有力支撑。

## 一、高校服务育人的科学内涵与时代意蕴

### （一）高校服务育人的科学内涵

#### 1. 服务育人的含义

关于"服务"的概念，国内学者普遍认可的是朱立恩1996 年在《论服务的定义》中提出的"服务是为满足顾客的需要，供方与顾客接触的活动和供方内部活动所产生的结果"。[①] 服务是一种商品，本身不具备教育功能。但对于高等教育服务而言，由于服务主体和被服务对象之间的特殊关系，服务被赋予了育人的功能。

---

[①] 朱立恩. 论服务的定义 [J]. 专论综述，1996，（5）: 14-15.

早在 1950 年，中国教育工会第一次全国代表大会将教育工作细化为"教书育人、管理育人、服务育人"的"三育人"教育思想，提出了"服务育人"概念。服务育人作为连接教书育人和管理育人的桥梁和纽带，贯穿整个教育过程。但这时期的服务育人多指对在校学生提供学习、生活必要的保障性服务，限定于后勤机关的服务职责，诸如食堂、图书馆、宿舍等方面。学者们也主要从后勤服务育人、图书馆服务育人等方面对服务育人理念进行阐述，主要涉及"如何服务育人"，而论述"何谓服务育人"的研究相对较少。1988 年，陈乃林在高校后勤研究年会上指出："在高校后勤工作中，贯彻'服务育人'的宗旨，其方向是完全正确的。不过，这是一个高标准的要求，需要经过长期努力实践。"[1] 随着时代发展，"服务育人"内涵不断拓展丰富，江洪明认为服务育人应强调"大服务"的理念，全员各部门都有育人的职责和义务。[2] 刘俊学在《高等教育服务质量论》一书中阐释高等教育服务是教育机构利用教学设施设备、教育教学技术为服务对象即学生提供用于提高或者是改善自身素质，促进人力资本增值的非实物形态的产品。[3] 高校学生服务是高校教育服务工作的重要组成部分，概括地说是指高校为了引导学生成长成才，培养德智体美劳全面发展的社会主义事业的建设者和接班人，为学生提供的生活帮助与支持、校园环境氛围创造、身心健康安全保障等全方位的指导和帮助。由此可见，如何提高服务质量，创造良好的育人环境，实现服务育人效果常态化，

① 柯文进. 高校后勤管理与改革 [M]. 徐州：中国矿业大学出版社，1996.
② 江洪明. 构建高校服务育人新体系的思考 [J]. 经济与社会发展，2006，(10)：204-207.
③ 刘俊学. 高等教育的服务质量观 [J]. 中国高教研究，2002 (07)：31-32.

是要在实践中探索改进的。

2.高校服务育人的含义

就高校服务育人而言，是指高等学校育人环境内，各类学生事务工作者在其优质服务过程中，以积极进取、团结协作、无私奉献、遵规守纪、以生为本的服务态度不断感染和影响学生，潜移默化地培养学生良好的思想品德修养，助力大学生成长成才的教育方式。

高校思政工作服务育人的核心要义主要有两点：第一，高校服务育人工作有狭义和广义之分。狭义上的服务育人强调高校教辅部门和后勤系统通过提供优质服务，为学生提供良好的生活、学习的环境，开展"没有讲台的课堂"，把对学生的关心、爱护融入具体工作中，潜移默化地影响学生。后勤工作者也被称为"不上讲台的老师"。[①] 广义上的服务育人概念则强调涵盖学校教育、管理、服务机构的全体工作人员都有服务育人的职责和义务，服务的时间、空间也得以延展，渗透到思政教育各个环节、各个方面，所有的工作都有育人的功能，高校的所有员工都是"上讲台或者不上讲台的教师"。[②] 第二，高校服务育人工作有显性和隐性之分。显性的服务育人指通过服务规章制度、服务内容、完善的校园设施等外在的服务来教育服务对象，引导学生养成良好的生活态度和行为习惯。隐性的服务育人指利用特有的教育环境，将教育成分寄寓在优质服务过程中，以贴近学生、贴近生活的方式润物无声地影响学生的价值观念、理想信念和道德观念，

---

① 鲁凤，苗红亚.高校"三育人"实践与探索［M］.杭州：浙江大学出版社，2007.
② 刘军.高校"服务育人"的实践与探索——以广东外语外贸大学一站式服务大厅为例［J］.大学（研究版），2017，（2）：48-53.

潜移默化地开展教育。

可以看出，新时代高校服务育人工作的理念是"大服务"理念，育人的根本目的是立德树人，育人的主体包括高校后勤、学工、学生组织等在内的全体工作人员，育人的对象是学生，实现方式包括服务人员的工作能力、服务态度、校园优美环境等，育人的形成全过程、全方位地融入大学生学校生涯中。

高校服务育人工作是高校实现"三全育人"目标的重要组成部分，是高校思想政治工作"隐性教育"的重要载体，也是落实落细立德树人根本任务的有力支撑。我们党历来重视"大服务"体系的构建和完善。2004 年 10 月中共中央、国务院印发《关于进一步加强和改进大学生思想政治教育的意见》，强调"形成教书育人、管理育人、服务育人的工作格局"。2017 年 2 月，中共中央、国务院印发《关于加强和改进新形势下高校思想政治工作的意见》，提出"加强和改进高校思想政治工作要坚持全员全过程全方位育人，把思想价值引领贯穿教育教学全过程和各环节，形成教书育人、科研育人、实践育人、管理育人、服务育人、文化育人、组织育人长效机制"。2017 年 12 月，中共教育部党组印发《高校思想政治工作质量提升工程实施纲要》，提出"充分发挥课程、科研、实践、文化、网络、心理、管理、服务、资助、组织等方面工作的育人功能，挖掘育人要素，完善育人机制，优化评价激励，强化实施保障，切实构建'十大'育人体系。"

### （二）高校服务育人的时代意蕴

新时代服务育人在整个人才培养体系中获得了新的、更重要的定位，与教书育人、管理育人等共同服务于立德树人根本任务和人才培养的教育目标。服务育人作为大学育人活动的重要内容，是全方位推进大学生思政教育的重要抓手，是促进大学生全面自由成长的重要载体。积极构建科学合理的服务育人工作体系，对于提升高校思政育人水平，落实立德树人根本任务，办好中国特色社会主义教育具有重要意义，突出表现在以下几个方面：

第一，"以生为本"的育人理念助力学生全面自由发展。"青年兴则国兴，青年强则国强"，服务育人是高校培养学生社会适应能力的需要，也是办好人民满意教育的需要。高校思想政治工作面向的是生在国家经济飞速发展、长于互联网风靡全球的时代新青年，他们的生活环境、思考问题的方式都在发生变化，更注重个人情感与自由，主体意识也更强烈。这就需要高校服务育人工作坚持学生主体意识，将学生的需求和发展作为第一目标，将学生根本利益作为第一标准，将学生成长成才作为自我检验与完善的准则，将服务为本理念深入人心，准确了解学生的真实需求，按照大学生成长成才规律开展贴近学生、贴近生活、贴近实际、反映广大学生根本利益诉求的活动，在解决学生实际问题的基础上，凸显教育的人文内涵和作用，将育人工作贯穿各项服务工作中。服务育人除了关注学生的内心需求，还以其特有的育人形式介入学生生活，引导学生懂生活、爱生活，培养面对生活、社会交际、健康心态等各方面技能，引导学生全面、自由、和谐地发展。

第二，"润物细无声"的育人优势整合隐性思政教育资源。相对于传统的课堂教学，服务育人工作可以渗透到学校各个部门、各项工作，具有明显的时间、空间延展性。高校服务工作的对象是高校学生，而服务工作内容涉及学生生活的方方面面，从课堂到宿舍，从生活到学习，从校园到实习岗位，高校职工的一言一行都对学生产生影响。优质愉悦的服务会在学生的心中播种下健康和谐的种子，对学生的认知和道德修养产生潜移默化的影响，直至后期参加社会工作都有着深远影响。如后勤部门可通过水电、校园硬件设施维护，为学生营造优美、宁静的校园文化与自然环境，陶冶学生的身心情操，培养学生欣赏美、维护美的热情和能力。图书馆等部门可通过热情的服务态度、专业的服务能力和良好的服务形象解决学生实际问题，同时潜移默化地开展人文熏陶、情感感化和推己及人的公德意识培育。由此可见，服务育人不同于传统的教书育人，其主体通过塑造优质的教育环境，提供便利的物质条件，营造沁润心田的人文环境，突破传统的教育理念，成为高校隐性育人的核心要素。

第三，"协同育人"的工作模式契合"三全育人"构建理念。服务育人的出发点是服务，落脚点是育人，是高等学校育人工作的催化剂，是高校"三全育人"工作体系建立的重要组成元素。一是服务育人主体应是全员高度参与。高校是培养人才的基地，一切工作都具有育人功能，后勤及行政部门只是服务育人的重要组成部分，不是全部。高校应树立"大服务"理念，整合各部门资源，建立党委统一领导、部门分工负责、全员协同参与的服务育人体系，实现"十大育人"体系互联互通，相互促进。二是服务育人的时间具有延展性。服务育人贯穿学生的整个大学生涯，从入校前的迎新服务开始，学校根据不同时期、不同空间的学生需求针对性地开展工作，直至学生毕业离校后服务仍未停止。甚至在节假日离校期间，学校也会通过线上服务平台服务学生，确保关键时间段服务工作不缺席、不掉线、不失声。三是服务育人可全方位融入学生生活。高校各部门可通过育人目标和培养计划，将服务工作渗透到学生生活、学习的各个方面与成长成才的各个环节，确保育人空间无死角、育人内容无遗漏，从多方面服务学生思政育人工作。

新形势下，高校服务育人工作呈现多样化发展趋势。全国各高校遵循时代发展要求、学生成长成才规律和思政教育规律，改变旧的观念与做法，紧跟时代步伐，构建科学合理的服务育人工作体系，增强服务育人工作的时代感和吸引力，提升育人水平和育人质量。关于如何推动高校服务育人，教育部 2017 年印发的《高校思想政治工作质量提升工程实施纲要》作出明确指示：一是强化育人要求，研究梳理各类服务岗位所承载的育人功能，并作为工作的职责要求，体现在聘用、培训、考核等各环节。二是在后勤保障服务中，持续开展"节粮节水电""节能宣传周"等主题教育活动，推动高校节约型校园建设，大力建设绿色校园，实施后勤员工素质提升计划，切实提高后勤保障水平和服务育人能力。三是在图书资料服务中，建设文献信息资源体系和服务体系，优化服务空间，开展信息素质教育。四是在医疗卫生服务中，制订健康教育教学计划，开展传染病预防、安全应急与急救等专题健康教育活动。五是在安全保卫服务中，加强人防物防技防建设，提高安保效能。六是增强供给能力，建设校园综合信息服务系统，充分满足师生学习、生活、工作中的合理需求。七是加强监督考核，落实服务目标责任制，把服务质量和育人效果作为评价服务岗位效能的依据和标准。同时，按照《高校思想政治工作质量提升工程实施纲要》指示精神，未来高校开展实践育人应该"把解决实际问题与解决思想问题结合起来，围绕师生、关照师生、服务师生，把握师生成长发展需要，提供靶向服务，增强供给能力，积极帮助解决师生工作学习中的合理诉求，在关心人、帮助人、服务人中教育人、引导人。"

2019年3月，习近平总书记主持召开学校思想政治理论课教师座谈会强调：思政课教师要给学生心灵埋下真善美的种子，引导学生扣好人生第一粒扣子。"大思政"时代，所有的教育教学工作者都是思政教师，都承担着思想政治教育工作任务，需要传播培育爱的种子，成为给学生心灵埋下真善美种子的新时代"播育者"。为更好地适应新时代新要求，习近平总书记也提出："做好高校思想政治工作，要因事而化、因时而进、因势而新；要遵循思想政治工作规律，遵循教书育人规律，遵循学生成长规律，不断提高工作能力和水平"。高校服务育人就是要将思政教育、综合素质教育等统一起来，通过潜在方式将教育内容渗透于校园工作、服务和生活中，让教育成果在学生心中慢慢沉淀，达到"润物细无声"的育人效果。

## 二、高校服务育人的理论基础

理念决定方向，思想决定行动。讨论高校服务育人工作的理论基础是对其教育意义和运行模式进行研究探讨的重要支撑。纵观以往研究结果，其理论基础主要从三方面来阐释，即马克思主义人的全面发展理论、人本主义教育思想和教育生态学理论。

## （一）马克思主义人的全面发展理论

马克思认为实现个体的全面、充分、自由的发展是社会主义追求的目标，而教育是全面发展人的唯一办法。[①] 人的全面发展理论以充分发展人的个性为最终目标，从多维度阐释人的发展需求，促使人的需要、能力、社会关系和个性都能得到充分、和谐的发展。我国制定的"培养德智体美劳全面发展的社会主义建设者和接班人"的高等教育目标与人的全面发展理论的内涵是一致的，是顺应时代发展的继承与创新。高校思政育人工作是实现社会主义教育目标的重要内容，而"搞好服务教育是高校思政工作的重要方面"。新时期服务工作的真谛是育人，是着眼于学生的未来、培养高素质人才的教育，通过构建完善的服务育人工作体系，落实立德树人的教育目标，实现人的全面自由发展的教育意义。人的全面发展理论重视精神需求的满足和人文素质的提高，服务育人工作正是在各部门提供的日常服务中注入情感，在和谐的校园文化和环境中注入人文关怀，潜移默化地引导学生加强品德修养，内化社会主义核心价值观、道德规范，提高综合素质。另外，马克思强调人是一个整体，是人在与自然、与社会的实践关系中形成的。高校服务育人工作也应遵循学生的形成和发展规律，建立科学规范的服务体系，促使学生自我教育与教育引导相互促进。

---

① 叶方兴.坚持马克思主义思想政治教育观——新时代思想政治教育基础理论创新的观念前提［J］.思想政治教育研究，2020，36（6）：70-74.

## （二）人本主义教育思想

人本主义教育理论最早出现在美国，是在以马斯洛、罗杰斯等人为代表的人本主义心理学基础上发展起来的，主张通过教育发挥学生的潜能，追求自我实现。[①] 人本主义教育理念对服务育人工作的理论指导主要表现在以下方面：第一，人本主义教育理论的核心是"以人为本"，强调人的能动性和创造性。思想政治教育工作不应是"控制"和"灌输"，而是要尊重学生的思想、发展特点。习近平总书记指出："思想政治工作从根本上说是做人的工作，必须围绕学生、关照学生、服务学生。"高校服务育人工作要更新服务育人理念，强调学生的主体意识，不仅要"为了学生，理解学生"，更要"依靠学生，发展学生"，尊重学生成长发展的需求，为学生创造独立自主的学习条件，充分调动学生的积极因素。第二，人本主义尊重人的生命价值和情感生活。康布斯认为教育的目的应是针对学生的情感需求，促使学生在知识、情感、意志或动机三方面均衡发展，培养其健全人格。[②] 高校服务育人工作理念是坚持以学生为中心，注重学生的根本利益，与人本主义倡导的尊重情感生活教育理念契合。服务育人工作应以人为本，把思政教育与学生的幸福、自尊和价值相联系，使思政教育真正成为人的教育，而不是机器的教育。第三，人本主义重视人的潜能发掘。罗杰斯认为"人皆具有先天的优良潜能，教育的作用在于使之实现"，并由此提出"以学生为中

① 孟丹.物理教学中人本主义教育研究［D］.沈阳：沈阳师范大学，2005.
② 陈琦，刘儒德.教育心理学［M］.北京：高等教育出版社，2011.

心"的教育思想。[①]高校服务育人工作应深入学生中建立沟通渠道，鼓励学生参与管理、服务工作，唤起学生的主人翁意识和责任感，激发学生追求更高的精神世界，实现全面发展的教育目标。

### （三）教育生态学理论

早在20世纪70年代，我国学者开始运用生态学理论研究教育问题，把教育视为一个有机的、动态的系统，学校及其他教育者都是教育生态系统中的因子，都是相互作用、相互影响地联系在一起。最早将教育生态学与高校思想政治相联系，提出思想政治教育生态环境这一概念的是复旦大学邱柏生教授。他指出："思想政治教育的生态环境是指一切对思想政治教育活动开展及其效果产生各种影响的内外部环境之间关系及其结构的总和。"[②]思想政治教育生态系统理论强调的综合观、动态观对高校服务育人工作具有很强的指导意义，体现在以下方面：第一，思想政治教育生态理论强调高校内部思政教育各要素相互协调发展，并与更广泛的社会系统紧密联系，高校服务育人工作涉及的团委、学生处等部门也应相互联系构成多元化的教育主体，形成完整的服务育人生态系统。第二，思政教育主体具有明显的动态性和成长性，应把教育目标放在追求优秀成长上。高校服务育人工作面向的是紧跟时代发展，具备很强的自主意识的时代新青年，服务育人的方式也应在教育实践中不停地检验、完善，使之符合

---

① 赵同森.解读人本主义教育思想［M］.广东：广东教育出版社，2006.
② 邱柏生.要重视研究思想政治教育的生态环境［J］.学校党建与思想教育，2004，（5）：7-10.

思政教育规律和学生成长成才规律。

高校服务工作也应紧跟时代需求，围绕学生、关照学生、服务学生，将社会主义核心价值观内植于心、外化于行。湖南中医药大学全面落实全国思想政治工作会议精神和习近平总书记重要讲话精神，在"规范管理、加强教育、人文关怀"理念指导下，开展了一系列富有成效的服务育人活动。这些活动主要包括：开展教育阳光服务中心建设，通过线上互联互通、线下互享互助，为全校师生提供便捷化、规范化、高效化服务，在服务中引导、凝聚青年学生，增强团组织的黏性，推动学生实现"四助"管理；开展"易班＋团建"线上平台建设工作，坚持"共享·共建·共融"，依托易班平台拓展工作阵地、延伸工作深度、创新工作模式，开拓网络思政教育新阵地，让学生成为网络文化建设的主人，让网络成为传播核心价值观的高地；开展党群服务中心建设，以党建为中心，群团为两翼，服务为支撑，构建开放式、共享性的服务平台，实现高低年级共建共享、党务业务互动融合，打造宣传党的理论方针政策、服务广大党团员、凝聚广大青年学子一心向党的重要平台；开展"校长有约"活动，学生与校长面对面探讨学校建设与发展中的问题，力求学生诉求件件有落实、事事有反馈，维护青年学生权益和需求，渲染"推己及人"的校园奉献服务氛围，激发学生爱校、荣校感情；开展"食堂开放日"活动，邀请青年学生走进食堂、参观食堂、了解食堂，参与食品安全监督，在服务学生生活、关注学生成长的同时，将食堂变成育人"课堂"，潜移默化地培养学生尊重劳动、注重公共卫生的公民责任意识。

湖南中医药大学通过开展形式多样、内容丰富的服务活动，树立"以生为本"的服务理念，找准青年学生脉搏，倾听青年学生心声，用"青言青语"对话学生，满足学生、发展学生，在服务学生过程中引导、教育学生，助力学生成长成才。

# 第二节　高校服务育人实践探索

## 案例一　小中心大网络　学生服务为学生
### ——教育阳光服务中心建设

### 一、案例背景

　　为更好地服务群众、创新教育服务体制、优化教育服务质量，湖南省自 2013 年开始在全省范围内推行教育阳光服务中心建设。这是湖南教育界在全省范围对教育治理模式和机制的一种创新，是让教育公共服务实现零距离的一种探索，在全国范围内具有首创性。

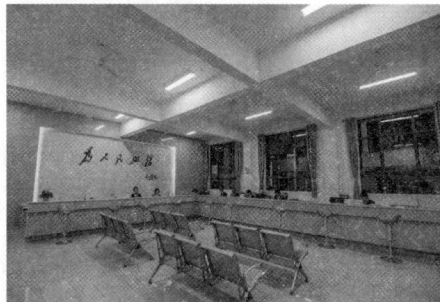

**图 5-1　教育阳光服务中心**

湖南中医药大学教育阳光服务中心于 2016 年 11 月开始运行，由校团委指导校学生会具体运营。中心由窗口服务平台和网络服务平台构成，窗口服务平台是教育阳光服务中心的实体平台，主要进行服务事项的现场办理，以"小中心，大服务"为工作原则，配置专门的办公场地，内含权益维护与建议、学生业务自主办理等窗口；网络服务平台是教育阳光服务中心的线上平台，主要进行服务事项的远程办理，开设校长信箱、投诉受理、线上答疑、业务受理等板块。湖南中医药大学教育阳光服务中心通过线上互联互通、线下互享互助，不断提升服务学生的回应性和有效性，为"大思政"格局下建立高校共青团发挥生力军作用的路径和载体提供了有益探索。（图 5-1）

## 二、案例实施

为保障服务中心运行过程中效果不打折，学校按照"公开透明、准确及时、便民利民、因地制宜、廉洁高效"的原则，构建由副校长领导、校团委牵头、相关职能部门实时对接的服务工作模式，力求"进一个门、到一个窗口、找一次人、办一次手续"就能办完所办事项，为学生提供便捷化、规范化、高效化服务。

## （一）组建教育阳光服务中心工作团队

学校为教育阳光服务中心提供200平方米的办公大厅，校学生会入驻服务中心值班，负责收集整理学生意见和建议。为提高工作团队的服务水平，校团委对入驻学生干部进行分门别类的知识技能培训，通过专业讲座、理论培训、内部交流、技能公开课等途径，提高他们的业务能力和素养，并严格要求工作人员对每一位办事者和来访者都要做到"来有迎声、问有答声、去有送声、访有回声"；要求凡能进入服务中心办理的事项，必须做到"一个不能少"；凡已进入中心的办理事项，必须做到"一个不能推"；凡可以短期进行办结的，必须做到"一个不能拖"，不断提高中心的服务质量。（图5-2）

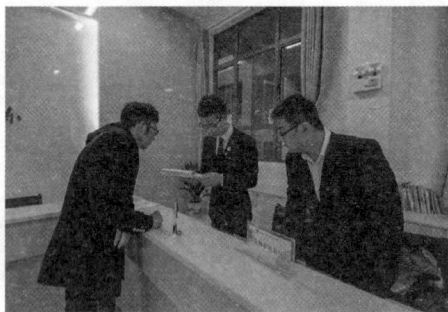

**图5-2　热情为师生服务**

## （二）理顺教育阳光服务中心服务流程

服务中心结合学校实际对服务事项进行全面梳理，包括办事指引、政策咨询、教育收费、学生资助、成绩查询、后勤服务、学生维权、信息公开、督查督办等功能在内，把凡是与学生密切相关的服务事项都纳入教育阳光服务中心办理。服务中心实行受理接待、登记报批、交办处理、回访办结、分析归档的服务流程。无论是实体平台还是网络平台，每天都有专人收集各类诉求建议，按照"对咨询类事项能当场答复的当场答复，不能答复的移交相关职能部门 2 个工作日内给予解答，情况复杂的问题一般在 5 个工作日内办理，重大问题在 10 个工作日内办理，对不予受理的事项在 3 个工作日内作出说明"的工作要求进行办理。

### （三）夯实教育阳光服务中心制度基础

制定湖南中医药大学《教育阳光服务中心管理规范》《教育阳光服务中心工作职责》《教育阳光服务中心培训制度》《教育阳光服务中心考核制度》，使中心的办理备忘、信息报送、限时办结、信息公开、问责督办、督察督导、首问责任、工作人员考核等工作制度不断完善，接待工作不断规范。针对服务对象制定《教育阳光服务中心服务指南》，提升了服务对象的满意度与体验感。

### （四）精准定位新时代大学生服务需求

针对"互联网+"时代带来的大学生行为习惯的变化，中心定期或不定期向广大学生发放调查问卷，广泛征求学生对中心服务内容、服务质量、服务流程等方面的意见和建议，深入了解学生多元化的服务需求，为教育阳光服务中心优化服务提供参考依据，力求服务内容、服务流程、服务要求均能从学生角度进行设计和规范，实实在在为学生办实事、解难题。

### （五）依托网络载体拓宽服务时空

将教育阳光服务中心网络平台纳入智慧校园建设，推动与易班、共青团企业号的互通，为学生提供更加便捷的移动服务，确保学生通过手机终端能够随时随地咨询业务、办理事务，并且能够在线提交办理事务所需材料。如学生可以通过公众号或者 QQ 服务号搜索、查询、报修、挂失等，也可以将疑问或建议发送至公众号后台，最大程度满足学生相关需求。

## 三、工作成效

服务青年是群团工作的生命线，也是党对共青团的明确要求。湖南中医药大学教育阳光服务中心主动深入学生，了解学生、关心学生、服务学生，得到了学校和学生的共同认可。

### （一）增强了团组织的黏性

教育阳光服务中心积极打造"反映学生呼声，回应学生诉求，维护学生权益，服务学生成长"的团组织工作品牌，积极为学生提供便捷的一站式服务，逐步形成了团组织对学生问题"愿意听、真心答、用心办"的良好工作格局，增强了团组织对学生的吸引力和凝聚力。

## （二）推动了学生"四自"管理

教育阳光服务中心推动团干部进一步直接面向青年学生开展工作，有效压缩了原有的"距离感"，扩展了团工作与青年学生的连接点，使团干部在服务他人、与各部门协调沟通过程中，从被动接受教育转变为主动进行教育，从而实现自我教育、自我管理、自我服务与自我监督。

## （三）促进了学生干部能力提升

教育阳光服务中心让学生干部直接面对学生，这使得学生干部感受到来自服务学生的压力和职责，从而倒逼学生干部努力查找自身工作短板和知识短板，增强自我学习的主动性和积极性，学会主动关心学生需求，努力创新工作方法，对促进学生干部的健康成长具有十分重要的意义。

## 四、工作经验与思考

习近平总书记要求共青团要做到"青年在哪里，团组织就建在哪里；青年有什么需求，团组织就要开展有针对性的工作，努力使团组织成为广大青年遇到困难时想得起、找得到、靠得住的力量。"这就要求我们建好服务中心，在服务中引导青年学生，凝聚青年学生。

## （一）更新服务理念，完成从管理型到服务型的职能转变

教育阳光服务中心是动态建设的过程，不仅是各部门之

间资源的整合，更是服务方式与内容的更新与重构，必须实现以部门机构设置和职能为中心转变为以学生需求为中心，以部门自身角度决定服务提供和流程设计转变为从学生角度重新设计服务、项目和工作流程。根据学生的需求，实现部门业务群整合，将各种教育管理服务职能在事务大厅优化、集成、下沉，不断提升学生教育管理工作的实效性和亲和力，真正实现"以学生为中心"的教育模式。

## （二）拓宽育人覆盖面，完善教育阳光服务中心线上平台

为顺应年轻人"无人不网、无日不网、无处不网"的新趋势，学校探索创新教育阳光服务中心线上服务的内容与形式，充分发挥线上线下平台各自优势，强化线上线下融合互补，避免服务育人时空上存在空档、全过程育人留有真空地带。应推动一站式事务大厅信息化建设，从单纯的在线信息提供升级到网络个性服务，将线下服务通过信息化技术辐射更广泛人群，积极将教育阳光服务中心实践育人、服务育人、组织育人工作平台作用深化、细化、实化，使思想政治工作更接地气、更加鲜活、更有效果。

## （三）重视学生自治组织，发挥学生自治组织在学生权益保护中的作用

在现代大学制度中，"自主办学、学术自治、教授治校、学生自治"是四个重要特征，分别代表着举办者、办学者、教育者和受教育者的权责。学校由校学生会运营教育阳光服务中心，这是为学校和学生共同开展权益维护工作提供了一

条新的思路，搭建了一个好的平台。在新形势下，我们有必要重新审视学生自治组织的作用，并认真研究其组织重构及职能重建问题，更好地发挥学生自治组织在学生服务、权益保护中的作用。①

> 习语
>
> 要运用新媒体、新技术使工作活起来，推动思想政治工作传统优势同信息技术高度融合，增强时代感和吸引力。
>
> ——习近平总书记在全国高校思想政治工作会议上的讲话（2016 年 12 月 8 日）

## 案例二　易学易用　共创共享
### ——"易班 + 团建"线上平台建设工作

### 一、案例背景

易班（E − class）是 2009 年在上海市教委指导下最先探索建立的大思政教育新平台，后逐渐发展成为高校集教育教学、文化娱乐、生活服务为一体的网络思想教育平台。时任国务院副总理刘延东在教育部思想政治工作司易班工作推

---

① 周汉忠.论新时期大学生权益保护问题［J］.阴山学刊（社会科学版），2011，24（5）：125-127.

进研讨会上指出："易班以学生需求为导向，创新学校思想政治教育方式，运用信息化手段引导舆论、资源共享、互动互助，成为引领学生健康成长的可靠平台。"[①] 在 2016 年的全国高校思想政治工作会议上，习近平总书记还特别提出要"深入实施易班等新应用推广行动计划和中国大学生在线引领工程"。目前，全国有超过 1000 万的大学生进驻易班，易班已经成为中国最普遍的大学生网络互动社区，也是最为重要的团建内容之一。

湖南中医药大学作为湖南省"易班"建设第一批试点高校，坚持"共享·共建·共融"的建设思路，坚持"让学生成为网络文化建设的主人，让网络成为传播核心价值观的高地"的育人工作理念，成立了易班发展中心、"杏林·易班"工作站。现有校院两级工作站 10 个，机构群 34 个，班级公共群 519 个，认证人数达 27323 人，构筑了部门联动、校院共建、师生密切协作、教育效果显著的网络思想政治教育新阵地。（图 5-3）

图 5-3　易班发展中心

① 张力.基于"易班"的高校网络思想政治教育模式构建研究［D］.南京：东南大学，2017.

## 二、案例实施

湖南中医药大学注重易班工作站的发展提升与完善，坚持"围绕中心，突出重点，打造特色，协同育人"的工作理念，充分利用易班平台拓展工作阵地、延伸工作深度、创新工作模式，不断开展网络思想政治教育工作的实践探索。

### （一）加强顶层设计

将易班建设作为思想政治工作的重要内容，纳入学校加强思想政治教育的整体规划，予以重点支持和建设。成立了以党委书记为组长，分管学生工作副书记和分管教学副校长为副组长，宣传部、学工部、团委、网信中心、教务处等相关部门负责人为成员的领导小组，充分发挥各部门在易班建设中的作用，实现资源共享。学校提供专用办公场所建设易班线下体验中心，将易班工作站的在校学生归口校学生会体系管理，校学生会副主席兼任易班工作站主任，每年列支20万元专项经费，用于技术人员培训、大学生线下活动、宣传、数据对接、产品开发等工作。

### （二）构建三级管理体制

成立校易班发展中心和学生工作站，各学院也分别成立了学院易班工作站，在班级内还任命了易班委员，形成了校、院、班三级易班建设的组织保障。遍布全校的易班工作人员不断为易班各个班级、群组注入新鲜和具有吸引力的内容，同时，倡导"每个用户也是一名建设者"的角色意识，更加清晰快速地知道用户的使用需求，提高改进服务的响应速度。①

### （三）完善制度保障

出台湖南中医药大学《"易班"建设工作实施方案》《二级学院易班工作站管理考核办法》，学生工作部（处）的《学生工作简报》定期进行工作分析总结和思考。建立易班建设成果激励机制，每年评选表彰易班优秀工作分站、易班优秀公共群、易班优秀指导教师、易班优秀评论员和易班工作先进个人，并将易班考核结果纳入学院学生工作考核内容。

### （四）构建"互联网＋共青团"模式

校团委借助易班平台，进行了"互联网＋共青团"联建模式的有益尝试，将团的思想建设、组织建设、队伍建设、活动建设等在集互动性、开放性、及时性于一体的易班平台呈现，实现了线下团的建设在线上的延伸，实现了团建工作覆盖面和规范化程度的提升。

1."易班＋团建"的思想建设。思想引领是高校共青团工作的核心任务，是共青团政治性、先进性的直接体现。团委积极围绕高校立德树人的根本任务，深化党史国情教育，利用平台做好宣传和主流意识形态引领工作，弘扬主旋律，传播正能量。一是宣传普及习近平新时代中国特色社会主义思想、党和国家政策方针，包括学习宣传贯彻习近平总书记关于青年工作的系列讲话，习近平总书记在纪念"五四"运

① 吴昊，黄禹鑫.基于易班构建高校网络思想政治教育大数据平台的思考与实践——以重庆大学为例［J］.思想教育研究，2016，（1）：64-67.

动 100 周年大会上的重要讲话精神等。二是通过微电影、班团微社区、直播访谈等，积极弘扬校园正能量，展示优秀团组织和优秀团员青年风采。三是通过"易班优课"，融合大学生心理健康教育、形势与政策、职业生涯规划、创业就业指导、"青马工程"等课程资源，推出精品团课，用文化育人，用文化留住学生。

2."易班＋团建"的组织建设。团的力量来自组织。通过易班平台实现基础团务、团员管理，将"智慧团建"系统与易班平台信息共享，开展班团组织建设管理，开展团员"推优入党"等组织建设，落实团日活动管理与展示；开展团员日常活动记录，实时掌握学生情况，为团员评优、推优提供依据。结合团组织工作实际，将日常教育培训、"青年马克思主义者培养工程"、学习讨论、团组织活动签到考核等融入平台，提高团干部培养的长期性、针对性和有效性，实现资源整合。

3."易班＋团建"的活动建设。结合学校特色，开展"书记开讲啦""校长第一课""我在易班为祖国打 call""易班校园好声音""聆听校园历史、校园故事"等活动，打造面向青年学生的团学工作品牌。将学生会、社团组织的各类活动纳入网上团建，营造生动活泼、积极向上的校园文化氛围，易班通过活动申请、签到打卡、活动反馈等参与到活动全程中，使广大学生群体真正零距离感知共青团。（图 5-4）

图 5-4 受邀参加"放飞梦想"浙江大学青春歌会活动

## 三、工作成效

学校通过顶层设计、制度保障、资源整合，将易班切实打造成为贴近学生、服务学生、吸引学生的育人平台、学习平台、工作平台和交流平台。易班平台以其安全性、可控性、个性化的优势，吸引了众多学生进驻，极大地发挥了网络平台的凝聚力和影响力。

### （一）育人效果好

易班将传统媒体、微信公众号资源整合到易班平台，展现校园师生风采，宣传校园大事件，传递正能量。通过身边人讲身边事、身边事影响身边人，积极发现、挖掘、弘扬身边榜样，切实加强思想建设，推动学生做到与以习近平同志为核心的党中央同向同行、同步同调、同频共振、同声相应，实现传承红色基因、激扬青春力量，推进高校育人工作和校园文化建设。

## （二）师生满意度高

易班围绕人才培养这一中心任务，突出思想引领这一工作重点，打造学校"易班文化"，实现教学、管理、服务协同育人，已成为一个全覆盖、能量强、效力高的育人平台。"i湖中大"学生事务服务管理平台已提供给全校师生使用，让信息多跑路，让师生少跑路，有力推进了我校学生工作事务服务管理的信息化建设；学生参与设计的文创产品"易班熊"受到广大师生喜爱，提高了平台的宣传度和亲和力；组织的"校园好声音""三行情书"等活动也深受广大学生喜爱。

## （三）同行评价好

学校系全国优秀易班共建高校，在 2019 年度易班全国共建高校内容创作队伍培训活动中作典型发言。获评 2019、2020 年度湖南省高校易班建设先进单位，2018、2020 年度湖南省高校易班建设优秀案例。2020 年，全国省级易班发展中心交流研讨会在湖南中医药大学召开，有力推动了各高校交流互动，更好促进了校园易班建设。

# 四、工作经验与思考

易班从一开始就定位于教育教学、生活服务、文化娱乐的综合性互动开放社区平台，其综合性决定了易班建设需要多部门协同创新，共同开发建设。

## （一）协同联动，全员参与

易班是综合互动社区，是学生学习生活的重要工具，涉及教务处、后勤服务总公司、招生就业处、学生工作部（处）、团委等多个部门，参与者不能仅限于学生工作部门老师和各学院易班工作站指导老师，应吸引教学名师、思政课教师、辅导员、班主任、党政干部、学生骨干参与易班建设，发挥重要作用，提高易班在管理、服务中的育人效果。

## （二）强化引领意识，主动开展育人工作

依托"校-院-班"三级管理、互动和服务模式，开展融入社会主义核心价值观理念特色活动，关注全校师生思想动态，不断提高平台服务和舆论引导能力，精准有效地对学生进行教育教学服务和思想引导，进而提升大学生思想政治教育工作质量。

## （三）突出平台服务力，推进思政工作贴心暖心

在互联网时代背景下，易班发展面临新的要求和机遇。依托易班载体开展思政教育过程中，要遵循学生成长成才规律和思想政治工作规律，开展符合时代要求、贴近学生成长和发展需求、更加富有生机活力的活动，才能增加平台的黏性，增强平台的亲和力，在润物细无声中实现育人目标。

青年的价值取向决定了未来整个社会的价值取向，而青年又处在价值观形成和确立的时期，抓好这一时期的价值观养成十分重要。这就像穿衣服扣扣子一样，如果第一粒扣子扣错了，剩余的扣子都会扣错。人生的扣子从一开始就要扣好。

——习近平总书记在北京大学师生座谈会上的讲话（2014年5月4日）

# 案例三　聚民心　暖人心　筑同心
## ——医学院学生党群服务中心建设

## 一、案例背景

湖南中医药大学医学院学生党群服务中心以"党建为中心、群团为两翼，服务为支撑"的思想作为建设宗旨，积极构建面向优秀团员青年和学生党员的开放式、集约型、共享性的服务平台。中心通过线上、线下服务平台，实现高低年级的共建共创、党务业务的互动融合，努力将党群活动服务中心打造成为宣传党的理论和路线方针政策的重要阵地、党组织开展活动的重要场所、服务广大学生党员、入党积极分子和团员青年的重要平台。

## 二、案例实施

### （一）成立一个中心

由院党委书记牵头，成立由支部书记负责、党员学生干部作为骨干力量、全体学生志愿参与的学生党群服务中心。中心由学生党支部负责日常工作，下设党员发展部、理论宣讲部、综合事务部、活动策划部。党员发展部负责入党积极分子建档、党员发展转正及全国党员信息系统维护等工作；理论宣讲部负责学生党建宣传、学生思想动态调研及安排理论学习等工作；综合事务部负责学生党建年度计划制定、干部培训及联络党支部书记等工作；活动策划部负责开展学生思想政治教育活动、组织志愿服务活动等工作。中心出台《医学院学生党群服务中心建设实施方案》《医学院学生党群服务中心日常管理制度》《医学院学生党群服务中心选拔方案》等制度，规范中心日常管理与运行。每个部门由一位学生党支部书记统筹，协调5个学生党支部的党员发展、教育与离校组织关系转接等工作，服务全院青年学生。

### （二）建设两个服务站

建立"中心服务站"。学院挂牌成立党群服务中心服务站，提供专项经费和场地支持。为方便服务师生，将中心服务站设在学生宿舍，每天中午、下午学生空闲时段面向学生开放。广大青年学生可以在工作站办理入党相关事宜咨询、成长困惑谈心谈话预约、生活困难帮扶、学业困难求助等服务。学生党群服务中心针对学生求助类型协调班主任、成绩优异学生党员、心理专干帮助解决，对于疑难问题则上报党支部书记，动员全院党员共同解决。

建立网络"微服务站"。党群服务中心顺应"互联网＋"的时代特点，以微信平台、易班平台为依托构建网络"微服务站"。党员发展部建立"微阵地"，线上开展党员预审、发展、转正大会，提高工作效率，促进特殊时期党员发展工作不"掉线"；理论宣讲部开设"微学习"，通过公众号和易班分级分类对优秀团员青年、入党积极分子、党员发布学习资源，同时在全院范围内征集、拍摄"四史"、习近平总书记系列重要讲话精神解读等视频推送给全院师生，开展线上自主学习；活动策划部开办"微活动"，策划"四史学习""党建知识学习"等专题竞赛活动，在易班平台开设"党员基本知识竞赛"优课，通过固定板块，号召全院师生参与答题，在答题中学习党史、感受祖国巨变。通过各种形式，将党员的教育服务工作延伸到互联网，真正做到学生在哪里，党员教育服务工作就在哪里。

## （三）培养一个学生团队

在高校思想政治教育中，学生干部是重要队伍，也是党建的重要抓手。党群服务中心面向全院党员、入党积极分子，遴选、培养一批学生骨干力量。党群服务中心每学期邀请党委委员、支部书记与优秀班主任进行培训，开展各学生组织交流、学习活动，提高中心成员综合素养、服务意识与能力，促进中心服务工作高效运作。中心内部实施"积分制"量化考核方案，综合考察中心成员的思想政治素质、道德品质、工作能力和发展能力，激励学生更积极主动参与中心事务管理。

### （四）完善两个机制

一是"党建带团建"机制筑同心。紧抓"党建带团建，团建促党建"的要求，党群服务中心在已确定为入党积极分子的团员中招募学生干部，同时在入党积极分子中建立QQ群，适时适度加强对他们的教育和引导，努力提升他们的政治素质和个人修养。党群服务中心多次开展活动，激发学生向党组织靠拢的强烈进取意识，发挥群团组织在育人中的政治优势、组织优势和活动优势。

二是"结对帮扶"机制暖人心。党群服务中心充分发挥党员的先进性、模范性，开展党员与少数民族学生"结对帮扶"。面向全院招募优秀党员学生，与低年级少数民族学生签订为期一年的帮扶协议，包含新生适应、学业帮扶、生活帮助、生涯指导等方面，进一步加强学院少数民族学生引导、教育和管理工作，帮助少数民族学生尽快融入班级，适应大学生活，健康成长。

## 三、工作成效

医学院强化需求导向，分步骤有序建设好学生党群服务中心，使之成为学院党建的指挥中心、思想政治工作的重要平台、党性教育的基地和学生服务的窗口。

### （一）团结全院师生"一心向党"

党群服务中心线上、线下服务站坚持服务学生，温暖、汇聚、团结全院师生"一心向党"。定期开展志愿服务活动，展现新青年奉献向上的优良品质；与少数民族学生"结对帮扶"，团结民族力量，厚植爱国主义情怀；"四史"等理论知识学习引导优秀团员青年了解党、靠近党。医学院适龄学生入党申请书提交率近98%，经调研，绝大部分学生是受优秀党员感染、服务活动吸引等原因选择积极向党组织靠拢，党群服务中心已成为医学院吸引学生"一心向党"的强力磁场。

### （二）推动育人工作焕发新活力

医学院以党群服务中心为平台，融合、再分配学院党建资源，促使各支部协同工作，共同为全院师生服务，引导学生在服务中培养责任感，在奉献中收获成长。中心努力探索学生喜爱度高、育人效果好的活动，开展"寻访伟人足迹，传承革命精神"彭德怀故居参观、"秉承先辈光荣，弘扬红色精神"杨开慧纪念馆参观等系列活动，丰富学生组织活动的内容和方式；线上＋线下"服务站"坚持办好事、做实事、解难事，关心学生成长成才大事，激发服务他人的魅力与影响力。参与活动的学生以榜样的身份激励、感染身边同学，以星火燎原之势汇聚培养大学生良好的思想修养力量，助力服务育人工作焕发新活力。

## 四、工作经验与思考

习近平总书记强调："基层党组织是党执政大厦的地基，地基固则大厦坚，地基松则大厦倾。加强基层党组织建设，要以提升组织力为重点，突出政治功能。"高质量推进党群服务中心建设及作用发挥，对于不断提高基层党组织凝聚力、战斗力、号召力具有重要意义。

## （一）促进党建和思政教育融合

青年学生思想引领是高校人才培养工作的重要组成部分，在高校设立党群服务中心，是落实全面从严治党的客观需要，是以改革创新精神推进高校党建工作的具体实践，同时也是全面落实全国高校思想政治工作会议精神的有力举措。这就要求我们在新形势下，紧随时代发展，积极搭建平台，把对青年大学生的思想引领孕育于服务青年大学生之中，以服务促引领，寓引领于服务，实现党建和思政工作融合互补。

## （二）促进党建带团建共创模式

党群服务中心要正确认识党建带团建工作的重要性和必要性。不断强化党建带团建意识是新形势下加强和改进共青团工作的客观要求，在建设发展中要不断强化党建带团建意识，坚持与共青团组织携手建立"共创模式"，在与共青团共通领域、类似任务上创新合作，开展有针对性的活动，拉近团员学生和党员学生之间的距离，使团员青年和党员学生在活动中真正融为一体，不断实现党建与团建的共同创新。

团的干部，必须心系广大青年。共青团是为党做青年群众工作的组织，团的干部是做青年工作的，必须心系青年、心向青年。做团的工作必须牢记，任何时候都不能脱离青年，必须密切联系青年。如果不能深入广大青年，自说自话，自拉自唱，工作是很难做好的。团干部要深深植根青年、充分依靠青年、一切为了青年，努力增强党对青年的凝聚力和青年对党的向心力。

——习近平总书记在同团中央新一届领导班子集体谈话时的讲话（2013 年 6 月 20 日）

## 案例四　开辟校园"民声通道"
### ——校学生会生活权益部"校长有约"活动

### 一、案例背景

为搭建校领导与广大学生交流的桥梁，拓展学生参与学校管理的途径，贴近学生需求，关心学生成长，促进学校发展，湖南中医药大学校学生会生活权益部在校团委的指导下，自 2016 年以来定期开展"校长有约"活动。活动中，学生与校长面对面探讨学校基础建设、教育教学、师德师风、课堂质量、学生学习生活中存在的问题，共同为学校建设与发展把脉问诊、建言献策。活动拉近了学生与学校领导的距离，为广大师生建立了一个定期反映问题、解决问题的工作平台，让学生的诉求和需求件件有落实、事事有反馈。活动更将学校管理工作开展到教育最前沿，已成为学校维护青年学生权益与需求的有效途径。

## 二、案例实施

"校长有约"活动的开展，旨在及时发现学校管理中存在的问题，发掘学校管理层难以深入了解的情况，并从学生的角度提出切实可行的解决方案，从而帮助学校寻找撬动学校发展的支点。（图5-5）

图5-5　第一届"校长有约"活动

### （一）创新工作理念，"把学校还给学生"

学校坚持着眼于学生的成长和发展，把"以学生为本"的理念贯穿于学校工作全过程，倾听学生诉求。时任校长秦裕辉说："学校各个层面要认真思考怎样培养合格的人才、怎样培养学生对学校的感情，必须把学校还给学生，鼓励学生参与管理，通过面对面的形式深化民主管理，调动学生参与学校管理的积极性、主动性和创造性"。学校各部门也不断更新服务理念，引导学生参与管理，培养学生适应终身发展和社会发展需要的必备品格和关键能力，促进学生全面和谐发展。

## （二）搭建沟通桥梁，引导学生合理表达诉求

**1. 议题征集**　校团委牵头策划部署，校学生会生活权益部通过微信、微博、宣传栏等方式在全校范围内全面推广"校长有约"活动，在教育阳光服务中心和各二级学院生活权益部设立提案收集点，做到广泛宣传、广泛动员、广泛参与。

**2. 综合调研**　校学生会生活权益部将收集的提案议题进行分类整理，通过走访现场、个别访谈、实地体验等方式对每项议题开展深入调研，并将调研结果与有效意见汇总反馈给提案涉及的职能部门，召开专题讨论会后确定"校长有约"活动的现场议题。

**3. 代表确定**　一是入选"校长有约"活动的提案提交团队成员，原则上参加活动人员不超过 3 人；二是在校学生会主席团的监督下，由校学生会生活权益部在未列入"校长有约"议题的其他提案中，按照一定比例随机抽取学生代表。

**4. 活动现场**　活动当天既有线下提案讨论，又有线上答疑活动，主要面向全校师生征集对于学校建设、学风建设的建议和意见，以及在学习、生活中遇到的现实困难。针对有代表性和紧迫性的问题，校长和相关部门会当场给出解释和解决方案；对于难以现场答复的问题，则会承诺限期合理解

决，并由校团委督办。

**5. 校长在线** 学校在教育阳光服务中心线上平台开设"校长在线"网络平台，学生可以通过平台持续参与学校建设发展，发现问题线索，提供建设性意见，由校团委、学校办公室等部门及时查看、汇总、反映，定期向校长汇报。"校长在线"网络平台作为"校长有约"活动的延伸，既是对线下面对面交流活动的补充，也是对活动成果的巩固和保障，促进活动效果持久化。

### （三）开拓闭环式服务，监督、回访服务不间断

针对"校长有约"活动，校团委打造了提案"采集－汇总－调研－办理－反馈"服务闭环。校团委在活动结束后，对活动开展情况向校务会作专题汇报，并根据校务会决议，按照"妥善解决的已落实提案、需要进一步追踪的正在积极落实提案、需进一步商讨的解释说明提案"三大类，分别与提案对口的职能部门沟通提案落实方案，并追踪提案解决进程，及时将提案落实情况向师生公布。师生也可根据《湖南中医药大学学生参与学校民主管理实施办法》，通过教育阳光服务中心、学生工作调研对活动进行督促，保证师生参与学校管理与监督落到实处。

## 三、工作成效

### （一）学校管理充分体现了"育人为本"

《国家中长期教育改革和发展规划纲要（2010–2020）》中强调要坚持"育人为本"。育人为本是以人为本在教育工

作中的集中体现，也是教育工作的根本要求。要实现育人为本，首要的就是尊重学生的合法权益，确立学生的权利主体地位，保障学生的受教育权利，并以此为基础创新培养模式、学生管理模式，发展学生个性，培养各种类型的复合型创新人才。[①]"校长有约"活动正是学校更新教育和管理观念，树立"育人为本"的教育理念和"以人为本"的法制管理理念的体现。

### （二）活动开展让学生感受团的温暖

活动中，校领导以开放包容的心态融入青年学生，倾听青年学生的心声，尊重青年学生，没有"家长式"和"命令式"管理心态，以更加平等的姿态对待普通青年学生，与青年学生打成一片，赢得他们的信任与尊重。活动的组织，更让青年学生看到了学校关心学生、爱护学生、切实下力气改善管理的决心，提升了共青团工作价值，提高了共青团组织在学生中的影响力，增强了团组织对青年学生的凝聚力。

### （三）活动组织实现了育人效果

学校坚持以学生为中心的理念对待学生，为学生提供优质的服务，不断提高管理服务水平，鼓励学生积极参与学校建设中，有效改善了校园环境和部门服务能力，将解决学生实际困难与解决思想问题相结合，开展学生思想政治工作和帮助学生成长成才有机结合，厚植爱心和感恩的种子于学生内心。学校成为学生的"贴心人"，学生自然能在浓浓的爱心

---

① 周汉忠. 论新时期大学生权益保护问题［J］. 阴山学刊（社会科学版），2011, 24（5）：125-127.

环绕下，激发强烈的爱校荣校情感。并且学生在享受服务的过程中，自然也会激发"推己及人"的奉献意识，有助于培养又红又专、德智体美劳全面发展的优秀青年学子。

## 四、工作经验与思考

校团委要做好"校长有约"活动，必须认真思考总结工作中的关键环节和突破性探索，及时提炼具有示范推广价值的工作模式。

### （一）以学生需求为工作导向

大学生思政工作要提高针对性和实效性，必须要贴近学生、贴近生活、紧跟时代，才能真正入脑、入心。"校长有约"活动秉承管理育人理念，以助学生成长成才为宗旨，培养和关爱学生。在日常服务中要找准问题，聚焦短板，把管理育人、服务育人的理念落实到学生息息相关的每一项工作中，真正做到解决学生学习、生活中遇到的实际问题和困难，向着打通育人"最后一公里"努力。

### （二）充分发挥学生组织的力量

共青团是先进青年的群众组织，是学生自我服务、自我管理、自我教育的群团组织，代表学生、团员的根本利益，是学校党政部门联系广大学生、团员的主要桥梁和纽带，是开展思想政治教育、服务青年成长成才、促进校园文化建设等工作的有力抓手。"校长有约"活动由校学生会生活权益部筹划、负责与监督完成，活动成员来自学生，知晓学生的真正诉求，可以更好地引导学生合理依法表达诉求，引领健康向上的话语方向，实现从他人管理到自我管理的过程，力求思想管理的内在化，成为完善学校内部治理的重要力量。

### （三）推行闭环式学生服务方式

要实现真正意义上的管理育人、服务育人，必须牢固树立"学校无小事，事事皆育人；学校无闲人，人人皆育人"的育人理念，通过优质服务，促进学生健康发展。服务的基础和出发点就是学生，但是服务不只是服务学生当前的需要，更要服务于学生长远的发展。在高校服务育人的工作中，服务只是手段和载体，育人是目的和方向，服务育人自始至终贯穿于学生成长成才的整个过程之中。故推进思政工作"三全育人"工程，要坚持"闭环"工作思路，即"凡事有交代，件件有着落，事事有回音"。每期"校长有约"活动结束后一定要有总结、有安排，每件事都落到实处，形成研究部署、狠抓落实、督促检查、及时报告、跟踪问效的工作闭环，才能形成全校各司其职、协同配合的工作格局。

群团干部要由知群众、懂群众、爱群众的人来当，要有做群众工作的本领和经验，懂得群众的语言和习惯，熟悉群众的愿望和心声，善于运用新形势下群众工作方式方法。

——习近平总书记在中央党的群团工作会议上的讲话（2015年7月6日至8日）

## 案例五　从"食安"到"食育"
### ——校学生会生活权益部"食堂开放日"活动

## 一、案例背景

中共中央《关于改进和加强高等学校思想政治工作的决定》指出："高等学校的职工对培养学生有着重要作用。加强职工思想政治工作，帮助他们进一步树立为人民服务、为教育科研服务的思想，勤勤恳恳做好本职工作，搞好服务育人，这也是高等学校思想政治工作的重要方面。"为拓宽后勤职工与青年学生的沟通交流渠道，校学生会生活权益部在校团委指导下，在后勤服务总公司的配合下，面向学生推出"食堂开放日"活动，邀请青年学生走进食堂，参观食堂，了解食堂，参与食品安全监督、工作环节抽查、食品品鉴、师生座谈、健康讲座等活动，将食堂变成育人"课堂"，深挖食堂蕴含的丰富育人资源，让后勤工作人员从"不上讲台的老师"转变为"后勤课堂的老师"。

## 二、案例实施

"食堂开放日"活动主要分为三个部分进行：

### （一）准备篇

活动前，校学生会生活权益部通过校学生会微信公众号、学校教育阳光服务中心线上平台宣传"食堂开放日"活动，向全体在校学生发布活动通知，开通网上报名，为活动当天随机选取学生代表做好准备。

校学生会生活权益部在校园内组织现场活动，随机访谈学生和发放调查问卷，收集学生对食堂饭菜质量、饭菜价格、服务质量、环境卫生等方面的意见和建议，并在校园各大电子显示屏滚动播放活动海报、用餐安全常识、南北方饮食特色，引导学生关注活动开展，注重食品安全，理解接纳他人饮食差异性，为活动营造氛围，扩大影响。

### （二）参观篇

**1. 现场参观** 学生代表在食堂工作人员的带领下参观食品仓库储物间、餐具消洗间、食品粗加工间、切配间、烹饪间、蒸煮间、备餐间等场所，近距离参观食堂食品从采购、存储、加工、烹饪到销售，以及餐饮餐具清洗到消毒等各环节规范操作流程。在工作人员讲解下，学生代表还能了解食品的各加工操作流程、食品留样、专间设置、油盐米酱醋进货渠道等常识。

**2. 安全抽检**　活动中，校学生会生活权益部会随机安排学生代表前往食堂抽查食堂人员健康档案、烟灶清洗记录、食品添加剂使用记录，检查食材证件票据等各种记录和台账情况，并就有关食材的采购、剩饭菜的处理、餐饮具的洗消等问题于现场提问食堂工作人员。

**3. 师生座谈**　座谈会采取问答与建议结合的形式，学生代表就参观过程中存在的疑虑向食堂负责人进行提问，或直接提出相关建议，由校学生会工作人员全程记录相关问答及建议内容，并在参观结束后完成内容整理及汇总。会上，校学生会生活权益部还会将活动前收集的意见和建议反馈给食堂，食堂负责人就有关问题进行现场解释和说明。（图5-6）

**图5-6　师生座谈会现场**

**4. 体验活动**　为加强食堂工作人员与学生的进一步交流，活动还会为学生安排美食操作培训、"我的菜式我做主"新菜品鉴会，举行食品安全、卫生习惯、中医养生健康讲座。体验式的活动增加了学生的参与感，增强了活动的趣味性和吸引力。

## （三）总结篇

校学生会生活权益部就活动前收集的意见和建议落实情况、活动现场的有关情况在第一时间向全校学生进行公示，并动态关注和公布活动有关意见建议的落实情况。

## 三、工作成效

"食堂开放日"活动是学校多渠道加强食品安全监督，多维度改进食堂管理方式的有益尝试，因密切关注学生诉求，服务学生生活，促进学生成长，深受学生的欢迎和喜爱。

### （一）"食安"有保障

"食堂开放日"活动坚持向学生公开食材从选购到餐桌的全过程，食堂针对学生疑惑进行解答，针对工作疏漏进行修正，建立了投诉窗口，开通了服务热线，并不断完善食堂安全管理责任制度，建立常态化监督机制，坚持责任到人，层层落实，确保了餐饮质量安全，做到了让学生放心，让教职工放心，让学校放心。

### （二）"食育"效果好

活动中，随处可见的食堂投诉电话，整洁的就餐环境，放心的食品和员工的微笑服务，让学生珍惜在校学习生活机会。在放心就餐的同时，对提供服务的食堂工作人员油然生出敬意，潜移默化地教育学生们学会尊重劳动，平等待人。体验式参观的活动形式，更让学生积极主动参与学校的管理过程，增强了学生对自己密切相关事件的关注与参与度，培养了学生注重公共卫生和节约粮食的公民责任意识。

### （三）学生满意度高

"食堂开放日"活动让广大学生深切感受到学校后勤部门"家长式"的关爱之心，学生就自己期待的食堂功能，如就餐环境宽敞、就餐桌椅舒适、食堂社交需求、食堂饭菜可口、饭菜价格合理等需求一一被满足，食堂积极、高效、温暖的服务，让广大学生更加喜欢食堂、热爱学校。活动真正做到深入学生，倾听学生，做到想学生所想，学生评价满意度自然显著提高。

## 四、工作经验与思考

提高后勤服务水平和服务质量，有目的地挖掘后勤服务中承载的育人功能，让后勤工作成为育人合力。

### （一）要聚焦自我服务，让学生有参与感

校团委在活动的组织上，要把活动是否真正解决学生在校的生活问题，是否推动学校为学生提供满足学生需求的后勤服务，作为活动开展的关键点和着力点；并通过活动的开展，督促学校在优质服务、宿舍管理、校园环境建设等方方面面照顾学生的感受，让学生感觉到"家"的温暖，从而有效调动广大学生参与"食堂开放日"的积极性和主动性，使之成为持续推动活动开展的有生力量。

## （二）要突出精准服务，让学生有获得感

校学生会是党领导下的大学生群众组织，也是大学生自我教育的组织者。工作中要针对大学生特点开展生动有效的活动来团结青年学生，凝聚青年学生。接下来的活动，应更加重视活动收集的建议和意见的有效整理和及时反馈，督促后勤部门在服务内容、服务标准、服务流程设计中，充分考虑一定年龄阶段、一定特殊时期和特殊群体学生的需求，从粗放式管理走向精细化管理、信息化管理，提升活动的有效性，让全体同学体验更强的获得感。

## （三）要强化思想引领，让后勤职工有光荣感

后勤服务展现着学校的育人理念，后勤服务涉及学生吃、住、医、学等方方面面，都可以挖掘出深刻的育人要素，展现出学校的价值追求和管理内涵。校团委要通过活动的开展，加强与后勤各部门的沟通，通过活动开展推动学校强化后勤职工全员育人思想，树立整体育人观，让每一位后勤职工都有育人意识，做到"时时育人，事事育人，处处育人，物物育人"，全员、全过程、全方位育人。